교육사회학원론

칼 만하임 지음 김정래 옮김

차례

제1부
이론적 사안

제2부
심리학적 문제

제3부
인성 발달의 사회적 측면

제4부
사회학적 요인

제5부
결론

일러두기

- 저자의 주는 원본대로 미주로 하여 권말에 수록하였다. 미주 표기법은 원문 그대로 따랐다.
- 본문에 있는 각주는 편집자 스튜어트 교수와 역자의 주이다.
- 인명이나 사항 중에서 원어를 표기할 필요가 있는 용어는 작고 흐른 글씨로 병기하였다.
- 당초 참고문헌이 따로 없고, 미주가 참고문헌을 대신한다. 미주에 표기되지 않은 참고문헌은 편집자 스튜어트 교수가 작성한 것으로 미주 뒤에 실려 있다.
- 저자가 본문에 제시한 통계자료는 제2차 세계대전을 전후한 1930~1940년대 수치임을 밝혀둔다.
- 미주에 제시된 몇몇 1950년대 자료는 이 책을 편집한 스튜어트 교수가 작성한 것이다.
- 본문의 장마다 다른 소항목 체제는 원본 그대로 따른 것이다.

제1부
이론적 사안

제1장
총 론

교육을 연구하는 우리는 탐구해야 할 사변적인 연구 영역을 새롭게 찾아내도록 노력해야 하며, 또 학교 등에서 이루어지는 교육적 노력이 실증과학적 기반을 제공할 수 있을 만큼 정합적인 진실과 원리를 토대로 교육학을 설정하도록 해야만 한다.

이 두 가지에 대하여 새롭게 사변적인 영역을 찾아내는 작업에 그리 진을 뺄 필요가 없다는 생각은 정합적인 교육원리란 동떨어진 교육 현상을 에둘러 좋게 표현하고자 한 것에 불과하다는 회의적인 이유 때문이다. 그렇지만 나는 과거 어느 때보다 현재 시점에서 철학적 성찰이 더욱 요구되며 동시에 교육이 이제까지 알려지지 않았던 지식을 축적해 가는 데 가장 지대한 노력을 기울여야 할 분야임을 신봉하는 사람에 속한다. 나의 입장에서 실증적인 탐구 결과를 토대로 철학적 성찰을 통하여 내가 나름으로 상정하고 있는 교육의 개념을 정립해야 할 시대적 여건이 성숙하였다고 판단한다.

특정 분야에 헌신하고 그 결과를 다양한 견해에 비추어 숙고해 본 사람이라면, 누구나 자신이 나름대로 지니게 된 견해가 기존의 논리 체계와 형이상학적 전제와 명확하게 연결되지 않더라도 자기 자신만의 독특한 견해를 견지하게 된다. 우리는 일상적으로 대하는 사물을 우리에게 익숙한 방식에 따라 당연하게 여기면서 특정한 목적을 철저하게 분석하지도 않은 채 달성하려고 애쓰는 경우가 있다.

예를 들어서, 수업을 준비할 경우, 그 교과에 관한 지식에 몰두하거나, 우리와 다른 세대인 아이들에게 가르칠 방법을 고안하기도 하지만, 교사의 역할을 수행할 경우에는 교육제도나 행정적 측면을 들여다보기도 하고 심지어 다른 교육체제와 비교해 보기도 한다. 이러한 일을 하면서 우리는 대부분 사실적 측면을 부각할 뿐 이미 설정되어 내려온 교육목적과 교육내용 및 방법을 아무런 반성적 성찰 없이 수용하고 있을 뿐이다. 하지만 이러한 사안들을 깊이 성찰해 본다면, 우리가 타성에 젖어 해온 방식에 의문을 품고 근원적인 질문을 던지게 될 것이다. 그렇게 하면 우리는 교육 상황을 분절된 방식이 아닌 전체 상황을 조망할 수 있는 차원 높은 유리한 입지에 처할 수 있을 것이다. 물론 이 사안 중 일부는 이미 철학자들과 위대한 교육사상가들에 의하여 제기된 문제들이다. 다음 질문들을 보자. 교육이란 무엇인가? 교육은 무엇을 목적으로 하는가? 우리가 처한 현실에서 교육이 추구해야 할 과제는 무엇인가? 이 각각의 문제에 관한 사실들을 검토하고, 이를 토대로 이들 간의 인과관계를 추적하고, 어떤 성과를 거둘 수 있는가를 평가하게 된다. 존 듀이는 이를 문화의 측면이라고 칭하면서, '문화는 의미를 지각하는 데 있어서 범위를 확정하고 심화시키는 것'이라고 한 바 있다.[1]

결국 교육 연구는 위에서 제기한 질문에 답을 찾기 위한 다양하지만 어떻게 보면 동종의 연구들이 내놓은 결과를 결합하고 조정하는 것이다. 우리는 근래에 들어 여러 연구가 섞여 이루어 낸 연구 결과가 단일 연구만큼 중요함을 인정하게 되었다. 예를 들자면, 생화학, 범죄학, 지구물리학, 경제학과 같은 제휴학문을 생각할 수 있다. 그렇다면 제기된 교육 문제에 답을 낼 수 있으려면 동원해야 할 학문은 무엇인가?

과거에는 심지어 오늘날 교사들에게도 교수-학습의 강조점은 자신들의 교과를 아는 데에 맞추어져 있다. 여기에다 아동에 관한 '상식 수준의' 지식을 습득함으로써 교사는 아이들이 잘 학습하도록 할 성공적인 교수법을 습득할 수 있다고 여겨졌다. 하지만 사회가 복잡다기해지면서 창의적이지 못한 판에 박힌 교수법으로는 이에 대응할 수 없음을 절감하게 되었다. 이를테면 고답적인 라틴어Johnny Latin를 가르치는 것은 우리가 상상하는 것 이상의 복잡한 문제를 낳는다. 심지어 권위주의적 방법에 따른 규율과 벌의 사용이 범죄의 감소가 아니라 범죄 양산에 기여한다는 말이 이제 기이하게 들리지 않는다. 이미 4세기 전에 마틴 루터는 '가혹한 벌로 인하여 아이들은 부모와 교사를 싫어하게 된다는 사실이 암울하기만 하다. 어설픈 징계론자가 많을수록 아동의 착한 심성과 잠재된 우수한 능력은 파괴된다'고 하였다.[2]

가르칠 교과에 관한 지식과 상식 수준의 아동에 관한 견해를 가졌다는 사실만으로 효과적인 교수 방법을 충분하게 획득했다고 볼 수 없다. 오히려 아이들은 인생의 6분의 1의 시간을 학교에서 보내며, 그나마 그 절반의 시간은 공부하는 데 사용되지 않는다는 단순한 사실에 주목해야 한다. 그러므로 우리는 학교 밖에서 일어나는 아이들의 삶을 무시하거나 과소평가해서는 안 된다. 우리는 이러한 문제가 교육의 개념에 포함되도록 확장된 관점을 견지해야만 한다.

1945년 미국 육군성이 발표한 통계자료가 세상을 시끄럽게 한 바 있다. 1천 명당 28명꼴로 교육받은 젊은이들이 간단한 문해 검사와 육군훈련 수행력 검사에서 미달하여 탈락하였다는 것이다. 여기서 이들이 재학 중 교육적으로 저능하였다는 어떤 기록도 없었다는 점에 주목할 필요가 있다. 또한 1939년(미국에서 교육비 지출이 가장 높다는) 뉴욕주 교육위원회는 중등학교 재학생들이 사회과 관련 지식이 매우 미약함을 보고하였다. 즉 당시 현안 문제와 슬로건을 떠올리지 못할 만큼 미국 역사에 무지하며, 민주주의 원리가 어떻게 작동하는지를 알지 못하며, 시민으로서 책무를 회피하려는 경향이 있다는 보고였다. 조사 대상의 일곱 명 중 여섯은 시민으로서 책무가 개인사에 짐이 된다면 이를 이행하지 않겠노라고 응답하였다. 이어 위원회는 학교 밖에서 중등 학생 대부분이 저질 잡지와 선정적인 매체를 접하기 위한 읽기 능력에 관심을 쏟고 있다고 보고하였다. 영국에서도 이와 유사한 보고가 많아서 우리는 이에 이미 익숙한 상태다.

우리는 세계대전 중 겪은 대피 활동이 아이들 삶에 신체적-정신적 결핍을 안겨 주었는지 확인함으로써 큰 충격을 받은 바 있다. 희곡 *Our Town**이나 영국군의 청소년 봉사활동지 *Youth Service in an English County*와 1940년 이후 출간된 그 밖의 많은 문헌이 특히 대도시의 가족이 겪어야 했던 물리적 문화적 상황이 어떠했는지를 보여주었다. 아동을 학대하는 부모를 처벌하도록 한 사회제도와 규정은 이를 운영하는 국가가 어떤 기준을 가지고 있어야 하는지를 일깨운 계기가 되었다.

교육적 차원만이 아니라 국제관계에서도 우리는 낡은 사회질서가 혼란을 가중하며 낡은 질서 속에서 살아온 이들도 마찬가지로 혼란을 일으키고 있음을 절실하게 깨닫게 되었다. 유엔 산하 기구들, 유네스코, 세계보건기구가 수행한 활동에 비추어 보면 인구의 절반이 견디기 어려운 열악한 환경 속에서 살고 있음을 확증할 수 있다. 또한 이를 통해서 무엇을 해야 하며, 얼마의 재원이 요구되며, 개선할 방법은 무엇인가를 고려할 문제는 곧 국제적 차원에서 사회경제적 변화를 선도할 이들이 어떤 다짐과 관점을 지녀야 하는가를 고려할 문제이다. 이러한 일련의 고려에 모든 교육적 노력이 포함되어야 한다는 점은 두말할 필요가 없다.

영국을 포함한 서방 국가와 국제기구에 가입한 전 세계 국가에 제공된 정보 이외에도, 우리는 교육적 가치 기준이 해체되고 교육목적을 날림으로 선정하는 등 지난 20년간의 명백한 사례를 가지고 있다. 독일에서는 나치 성향이 득세함에 따라 선진국의 진지한 교육적 노력을 허사로 만들어 버렸으며, 세계 각국으로부터 마땅히 비난

---

* Thornton Wilder 작 희곡(역자 주)

받는 인성을 도모하는 교육체제만이 작동하고 있었다. 사실 모든 이들이 인정하는 가장 심각한 국제 문제로 풍요로운 가운데 빈곤이 존재하는 것처럼, 교육적 조치가 풍부하게 이루어졌음에도 불구하고 교육에서 야만적 행태가 존재한다는 점이다. 이 문제는 교육 기회를 단순하게 제공하는 것으로 충분하지 않기 때문에, 어떤 종류의 교육 기회를 제공해야 할 것인가를 이해하는 작업이 선행되어야 한다.

제2차 세계대전 동안 발견한 극적인 사실에 따르면, 그리고 많은 교사와 사회복지 종사자의 경험에 따르면 교육기관은 엘리트 계층만이 아니라 하위 문화권에 속하는 이들의 삶의 개선에 힘써야 한다는 점이 부각되었다. 사실, 미개인은 아주 먼 나라에 존재하는 것이 아니라 우리 가운데 존재한다.

교육에 적용되는 새로운 사회조사 방법론으로 수많은 중요한 사실에 접근할 수 있다. 1944년 이전의 교육체제에서는 교육 기회가 균등하게 분배되지 않았으며, 중등교육이 개방되었음에도 교육 결과는 만족스럽지 못하였다. 1937년 3월 기준, 공사립 초등학교를 졸업하는 10~11세 56만 명의 아이 중에서 8만 명만이 중등학교에 진학하였고, 이들 중 2천 5백 명만이 대학에 진학할 수 있었다. 달리 표현하면, 초등학교 아이 1천 명 중에서 143명, 즉 14%만이 중등학교엘 진학하고 0.5%만이 대학에 진학한다는 뜻이다.[3] 하지만 미국의 경우 20세기 초반 40년 동안 14세에서 18세 인구로 보면 중등학교 취학률은 10%에서 70%로 증가하였으며, 대학 취학률도 이와 비슷한 증가 추세를 보인다. 실제로 미국의 몇몇 주에서는 14~18세 인구의 95%가 중등학교 교육을 받고 있다. 미국이 항상 높은 수준의 중등교육 취학을 누리지 않았던 점은 사실이다. 1890년 이전 전체 인구의 5% 이하만이 고등학교와 대학에 취학하였기 때문이다. 그렇지만 지난 50년 동안 젊은이들이 중등교육을 받은 비율은 10배 이상 뛰었으며, 20세기 초와 비교해서 대학에 취학한 숫자는 3배에 이른다. 그럼에도 미국 전쟁성은 전시에도 불구하고 교수 충원과 문해 수준에 관련된 통계자료집을 출간한 바 있다.

미국과 영국에서 고등교육을 담당할 교수가 증가했음에도 대서양 양쪽의 두 국가에서 그 증가한 만큼 비견할 효율적인 가르침이 이루어지지 않았다는 증거는 많다. 이러한 사실은 놀랄 만한 일도 아닌 것이, 초기 중등교육의 선발에서부터 최소한 문해 능력을 지닌 사람들을 선발하여 가르쳤기 때문이다. 민주적 원리에 따라 교육 혜택을 주고자 한다면, 모든 사람이 교육받을 수 있어야 한다는 전제에서 이 중에는 능력이 낮은 이들이 포함되어 있다는 점을 인식해야 한다. 현실적 이유, 정치적 이유, 이념적 이유 등 모든 점을 고려하여 1944년 이후 교육체제는 재조직되었고, 그것이 사회 전반에 미친 영향은 이후 30~40년에 걸쳐 증가한 것으로 나타났다.

이러한 모든 사항을 고려한다고 해도, 전형적인 교수 기법은 기대하는 것처럼 효율적이지 않다는 점을 인정해야 한다. 이는 부분적으로는 우리가 최근에 들어서야 교수-학습 문제에 체계적인 접근을 하기 시작했다는 점 때문이지만, 다른 한편으로는 교육목적이 체계적이지 않은 것은 아니지만 명시적으로 불분명했기 때문이다. 오히려 나치와 소련은 교육을 통해서 무엇을 얻어낼 수 있는지를 확실하게 인식하고 있었지만, 우리는 교육을 통해서 무엇을 성취하려고 하는지 모호한 입장을 취해 왔다. 가치 있지만 애매한 원리로 인하여 우리가 '세뇌는 허용해선 안 된다'는 원리만 지키면 교육체제와 교육 현장에서 추구해야 할 것들로 이것저것 허용하는 꼴이 되었다. 히틀러가 성취하고자 했던 바를 비판하고 수용하지 않는다는 것은 그가 추구한 목적이 사악하기 때문이지만, 분명한 점은 그가 교육체제를 동원하여 많은 일이 이루어질 만큼 엄청난 영향을 주었다는 점이다.

교육학 연구는 교육이 무엇이며 교육이 추구하는 바가 무엇인지를 명료화하는 데 일차적으로 관심을 가져야 한다. 교육이 무엇인가를 정의하는 일은 분석의 기법이 동원되지만, 교육목적의 정의에는 어떤 가치를 선정해야 하며 이에 따라 어떤 방법을 동원해야 하는지를 판단하는 가치 평가 작업이 동원된다. 따라서 나는 교육 방법과 교육목적 간의 차이를 논의하면서 둘 간의 상호관련성을 강조할 수밖에 없다고 본다.

첫째, 우리가 아이들에게 어떤 내용을 가르치려고 할 때 어떤 그 의도에서 그것을 현장에서 가르치려고 하는가의 문제를 점검해 보아야 한다. 둘째, 우리의 의도를 이룰 수단으로 어떤 것을 선택할 수 있는지를 점검해 보아야 한다. 셋째, 우리가 지향하는 가치와 그 전달 수단이 종국에 어떤 성과를 내는가를 고려해야만 한다. 교육한다는 것이 단지 가치를 심어주거나 확고한 신념을 심어주는 교화에 불과한가 아니면 명시적으로 아이들을 안내하는 데 그치는 것인가? 모르긴 해도 경우에 따라 답이 달라질 것이다. 우리는 성장하는 유기체에 우리가 가치 있다고 여기는 내용을 심어줄 것인가, 아니면 비록 아이들이 사회 속에서 선택할 여지는 제한되어 있지만 유기체의 성장 그 자체에 역점을 두어야 하는가?

많은 교사가 명시적으로 가르치는 지식과 정보 그 자체와 그 지식을 받아들이는 태도를 좌우하는 교사-학생 간의 정서적 관계가 상호 긴장 관계에 있음을 잘 알고 있다. 심지어 교수 방법 이면에조차 무엇을 성취하고자 하는지에 대한 물음이 따른다. 인간은 무엇을 배워야 하는가? 교육은 인간 본성 형성에 얼마큼 영향을 주는가? 교사가 이바지할 수 있는 한계는 어디까지인가? 교육적 여건은 왜 중요한가? 이러한 문제들은 항상 교육 현장을 염두에 두고 고려해야 할 사안들이다.

잠시 교육은 무엇을 위한 것인가를 생각해 보자. 사람이 살아가는 사회적 상황을 고려하지 않고 독립적인 인격체를 교육한다는 목적은 가능한가? 그렇지 않다면, 교육목적은 사람 사이에 상호 작용하면서 건전하게 발달하고 변화하는 사회에 잘 적응하는 데 맞추어져야 할 것이다. 만약 사회적응이라는 개념이 교육의 핵심이라고 한다면, 우리는 발달 유형을 고려하면서 동시에 이를 넘어서 성장할 가능성을 염두에 두어야 한다. 호킹W. E. Hocking과 클락 경Sir Fred Clark의 저술을 읽은 많은 이들이 발달 유형을 넘어선 성장 가능성이 중요하다고 기억할 것이다.[4] 사회가 중요하다는 점을 받아들인다 해도 우리가 교육을 통해 지향하는 사회는 어떤 사회인가? 이제 우리는 민주사회에서 변화를 지향하는 교육이 되도록 하려면 어떤 장점을 살리고 어떤 단점을 제어해야 하는지를 명백하게 할 필요가 있다.

교육을 공부하는 사람은 누구나 일차적으로 심리학에 관심을 가질 수밖에 없다. 심리학은 우리에게 인간 본성에 가소성이 얼마나 있는가를 알려주기 때문이다. 사회학도 중요한 관련 학문이다. 사회학은 사회가 작동하는 원리와 함께 현대사회의 특징을 알려주기 때문이다. 이 중에서도 사회가 그 하위조직과 사회에서 사건이 일어나는 상황을 통해서 그 구성원에게 미치는 영향은 매우 중요하다. 지난 50년간 이루어진 교육학의 엄청난 성과는 인간의 발달 이론의 공헌이었지만, 이에 못지않은 성과는 사회에 대한 이해가 현격히 높아졌다는 점이다. 교육이 학교와 여타 사회적 기관에서 시행되는 한, 교육은 사회적 과업이다. 즉 교육은 인간 본성의 가소성이 인정되고 이에 따라 개인의 사회적 경험을 현상으로 파악할 수 있는 역동적 과정으로 이해된다. 흔히 교육학을 언급하면 교수 방법상 기법에 관심을 두지만, 그것이 본질은 아니다. 교실에서 가르치는 교과는 매우 중요하지만, 이에 앞서 우리는 개별 학습자가 겪는 학습에 관심을 두어야 하고 동시에 학습이 일어나는 환경에 어떤 요인이 작동하는가에 관심을 두어야 한다.

결론적으로 철학적 사고, 심리학 그리고 사회학은 교육을 총체적으로 넓게 조망하면서 깊이 있게 탐구하는 지식 체계를 구성하는 기본 학문이다. 애덤스 경Sir John Adams은 다음과 같이 언급하면서 이러한 생각을 뒷받침하고 있다. '교육은 단순하게 상당한 지식을 전달하는 것이 아니라 교육받은 사람의 심성을 고치는 목적을 가지고 있다. … 교육의 모든 과정은 교육받는 사람이 궁극적으로 자신의 스승이 되어 가는 과정이라고 할 수 있다.'[5]

나는 여기서 애덤스 경이 제시한 교육과 관련된 가치 판단과 심리학적 개념을 살펴보겠다. 여기서 빠진 것은 바로 사회학과의 관련성이다. 그가 언급한 내용에 추가하여 우리가 염두에 두어야 할 점은 교육이 바로 사회에 적용하면서 살아갈 사회 구성원을 양성한다는 점이다. 게다가 민주사회라면 각 개인에게 기회를 폭넓게 제공해야만 한다. 그러므로 우리는 사회가 그 구성원에게 무엇을 요구하는지, 이를테면 준법정신, 정치참여, 관습의 수용 문제, 경제적 동기 등에 관심을 기울여야 한다. 사회제도와 그 효능을 이해하려면 이러한 제도가 잠재적인 영향력을 행사한다는 점을 인식해야 한다. 예를 들자면, 의무교육 연령을 16세까지 올릴 경우 그것이 학교에 취학한다는 의미에서 많은 교육 기회를 제공한 것은 사실이지만, 의무교육 연령을 16세로 올리는 것이 청소년의 경제적 의존도를 증가시킨다는 것을 의미하는 것도 사실이다. 나는 이와 같은 문제처럼 사회제도가 이면에서 영향을 미치는 잠재적 영향력을 고려해야 한다고 주장한다.

그러므로 교육을 연구하는 데 있어서 우리는 사회학에 보다 많은 관심을 기울여야 한다. 사회학은 심리학적 연구와 철학적 해석이 담고 있는 맥락을 연구하기 때문이다.

제2장
훈련, 수업, 교수 그리고 교육

나는 교육과 관련되어 널리 사용되는 다양한 개념들의 의미를 명백하게 구분하고자 한다. 이 장에서는 훈련training, 수업instruction, 교수teaching 그리고 교육education의 개념을 다루도록 한다.

훈련

교육 논의에서 자주 접하게 되는 이 용어는 함축하는 내용이 분명하지만, 대부분 그 사용에 있어서 경멸적 의미가 전달된다. 우선 이 용어는 현실에서 반복적인 단련이나 특정한 기량을 높일 수 있는 반복적인 연습을 뜻하여, '훈련'이라 하면 운동장이나 체육관에서 몸을 놀리고 있는 운동선수나 엄격한 감독 아래 공구를 가지고 동작을 반복하는 도제를 떠올리게 된다. 게다가 연습과 구분되는 반복적 특징은 훈련이 일정하게 짜인 프로그램에 따라 실행된다는 점과 특정한 목표에 도달하기 위하여 각 단계를 밟도록 한 프로그램을 짠 사람들의 감독 아래 이루어진다는 점이다. 그 결과 '훈련'이라는 용어가 의미를 가지려면 반복, 설정된 목표를 향한 성과가 있어야 한다. 이는 수업을 설계하는 이의 마음속에 존재하는 목표와 동일할 수도 있으며, 자기 자신을 훈련한다고 하면 자기가 짠 프로그램을 스스로 준수해야 하므로 가르치는 이와 도제가 동일인이다. 즉 훈련받는 이가 훈련하는 이가 된다.

이 용어는 교육적 맥락에서 윤리적 해악의 의미로 사용된다. 이를테면 거래상 속임수라는 의미, 의존적 태도라는 의미, 그리고 특정 활동을 편협하게 이해한다는 의미와 연관된다. 성취해야 한다고 설정한 목표를 달성해야 한다는 전제가 따라다니기 때문에, 훈련이 지니는 한계는 비교적 명백하게 드러난다. 이는 훈련은 모종의 기술과 관련된다는 뜻이기도 하지만, 이 점이 동시에 교육을 통하여 이루고자 하는 바와 혼용되기도 한다. 예를 들자면, 우리는 '교사 양성teacher training'이나 '기술대학training college'에서 훈련이라는 용어를 사용한다. 최근까지만 해도 잉글랜드 소재 대학 내 교육학과의 공식 명칭이 '대학 훈련학과The University Training Department'였다. 하지만 현재는 공식 명칭이 '대학 교육학과The University Department of Education'이다. 그러나 아직도 '훈련대학'은 교육학을 가르치는 기관이 훈련과 관련됨을 뜻한다. 지적 활동의 측면에서 '교육'이 보다 독자적 학문을 가리키는 데 우위를 차지할 용어로 보인다. 반면 훈련은 가르치는 누군가에 의존해야 한다는 점과 특정 프로그램의 틀 속에서 학습이 이루어진다는 한계가 있다.

19세기 초 스코틀랜드에서 교수 프로그램을 개발했던 데이비드 스토우David Stow는 '훈련 체제training system'라는 용어를 만들어 이를 현장 교실 수업에 작동하도록 한 바 있다.[1] '사범학교The Normal School'라는 용어는 이러한 훈련 체제에서 비롯된 것이다. 즉 수업 현장에서 획득해야 할 규범norms과 기준standards을 훈련하는 학교라는 뜻이다. 잠언에 나와 있듯이 우리가 아이를 가야 할 바대로 훈련한다면 아이가 성장해서 이를 벗어나지 않을 것이다. 준수해야 할 행동 방식, 상례 및 절차, 유사시를 대비한 지침을 강조한 이 말은 특정 분야에서 일가견을 지닌 사람이 되는 데 필수요인이기는 하지만, 폭넓은 견지에서 다른 이들과 교류하는 데 한계를 드러내어 권장할 만한 사안은 아니다.

이제까지 내용을 정리하면, '훈련'이라는 용어는 실천 상황에서 이해해야만 하고 숙달해야만 할 기량에 한정될 경우 정당성을 갖는다고 할 수 있다. 하지만 이 말은 독자성이라는 원리를 배제하고 판단력, 지력, 소신을 나름대로 융통성을 발휘하지 못한다는 뜻도 있다. 그래서 흥미롭게도 훈련은 직업 준비에 한정되고 교육은 인문학습에 관련된다는 점을 부각한다. 기술교육은 훈련의 맥락에서 파악되지만 공학은 인문학 영역과 관련될 소지가 있을지도 모른다. 많은 이들이 어느 경우에도 훈련이라는 말이 인문 소양을 뜻하는 'liberal'이라는 말과 어울리지 않는다고 여기고 있다. 이는 산업화 이전 시대의 문화를 토양으로 형성된 인문학 중시 전통의 교육제도만을 공식적으로 인정한 결과물에 불과하다.

수업

이 말은 정보 전달의 의미를 나타낸다. '수업instruction'에서 초점은 전달되는 내용과 그 내용의 중요성에 맞추어져 있으며, 결코 이를 전달하는 사람이나 전달받는 사람에게 맞추어져 있지 않다. 이 말은 교육의 과정을 지칭하는 또 다른 측면이 있다. 하지만 이 점 때문에 혼선을 일으키기도 한다. 예를 들어서 '아이들은 어른들의 수업에서 유익함을 얻어야 한다children should profit from the instruction from their elders'는 문장에서 난점을 찾을 수 있다. 여기서 수업하는 사람이 제시하는 내용이란 곧 수업하는 사람이 이해하고 있는 내용을 나름대로 재현한 다음 이를 아이들에게 제시한다는 것을 말한다. 이렇게 보면 수업은 정보 전달의 의미와 무관한 일이 벌어지는 것이다. 수업이라는 말은 곧 다음과 같은 기이한 상황을 연출한다. '네게 제시하고자 나름대로 정리한 내용이 여기에 있다. 네가 이를 수용하건 아니건 간에 너는 반드시 이에 몰두하여야 한다.'

교수

수업과 교수teaching라는 두 용어는 차이가 있지만, 쉽게 해소되지 않을 듯한 겹치는 부분도 있다. 첫째, 교수는 가르치는 이와 배우는 이의 관계에 초점이 맞추어져 있다. 둘째, 이에 따라 가르치는 자는 자신이 가르칠 내용을 학생이 반드시 이해해야 하고 습득해야만 한다는 확신을 지녀야 한다. 교수 행위도 훈련이나 수업과 마찬가지로 모종의 방법과 기법이나 묘책이 동원될 수 있다. 그러나 이에 더하여 교수 행위는 학생들의 학습 과정과 교사와 학생의 마음이 상호작용하는가에 관심을 가져야 한다. 이러한 상호작용에 관심을 가져야 한다는 것은 교사의 측면에서 보면 교육내용과 교육방법에 집중해야 하며, 학생의 측면에서 보면 이해력 증진과 장차 배울 내용을 주도적으로 소화할 수 있는 정신적 역량에 집중해야 한다는 뜻이다.

'교수'라는 용어는 역사적 관점에서 나름대로 의미를 지닌다. 예를 들자면, 잉글랜드에서 '교수자teacher'는 '교사schoolmaster'와 엄격하게 구분되는 용어다. 그 이유를 '교사'는 정통 사립학교independent school나 공립인 문법학교grammar school를 졸업한 후 대학교육을 받은 이들을 지칭하는 반면, '교수자'는 '양성 학교training college'를 나온 사람을 지칭하는 데서 찾을 수 있다. 하지만 여러 가지 이유에 근거해서, '여교사schoolmistress'라는 용어는 정식교육을 이수한 '교사schoolmaster'보다는 '학교에서 가르치는 사람school-teacher'이라는 뜻을 지닌다. 이러한 의미상 구분은 역사적으로 축적되어 내려온 사회적 계층 구조가 빚은 암울한 부산물에 따른 것이다. 따라서 이러한 의미상 구분을 더 이상 살펴보지 않겠다. 다만 현 단계에서 '가르치는 일teaching'과 '가르치는 사람teacher'이라는 용어가 다른 용어에 비하여 가르치고 배우는 사람들의 관계와 배우는 과정에 초점이 맞추어져 있다는 점을 확인하는 것만으로 충분하며, 그 외의 논의는 그다지 중요하다고 보지 않는다.

교육

교육이라는 용어가 아이를 신체적으로 정신적으로 양육한다는 뜻의 라틴어 '에듀카레*educare*'에서 나왔다는 사실은 잘 알려져 있다. 때로는 이렇게 교육을 모호하게 규정하는 것이 필요하다. 예를 들어, 개별 수업이나 훈련을 통하여 획득한 모든 자질이 행복과 사회적 효율성 및 역량을 증진한다면 그것을 통틀어 교육받았다고 할 수 있다. 애덤스는 교육은 특정한 지식을 습득하게 할 뿐만 아니라 학생들의 인성을 바람직하게 변화시키는 데 그 목적이 있다고 지적한 바 있다. 학제 발전사를 보면 학교가 수업을 통하여 특정 지식과 기능을 전수하고 훈련하는 제도라는 편협한 관점에서 학교와 교육 주체를 교육적 기능을 수행하는 사회 제도로 파악하는 넓은 관점으로 이행하고 있다. 이 관점은 '교육'이라는 용어가 지닌 의미를 풍부하게 하는 계기를 마련해준다.

이 단계에서 교육이라는 용어가 사용되는 협의와 광의를 구분할 필요가 있다. 딜다이Wilhelm Dilthey는 교육을 어린 세대의 마음을 형성하기 위한 기성세대의 계획적 활동이라고 정의한 반면, 애덤스는 이에 더하여 교육을 양극단으로 확장한 바 있다.[2] 이를테면 한 사람의 성격이 다른 사람의 성격을 형성시키기 위하여 작용한다는 것이다. 즉 그러한 성격 형성 과정이 의식적이고 면밀한 것이어서, 교육을 하는 입장에서는 학생들의 발달 과정에서 성격 형성을 위한 개입의 여지가 있다는 것이다. (이러한 취지에서 애덤스는 일상에서 익숙하지 않아서 이미 폐기되었지만 '교육받는 이(educand)'라는 용어를 사용하였다.) 학생들의 발달상 성격 형성에 동원되는 두 가지 수단이 있다. 하나는 교육자의 지혜를 발휘하여 여러 가지 지식을 선정하고 조직하여 학생들에게 제시함으로써 성격 형성에 영향을 미치는 것이다. 다른 하나는 두 인격 간의 직간접적인 관계를 통하여 성격 형성에 영향을 미치는 것이다. 특히 발달 후반기에 이르면 학생들은 교사가 제시한 아이디어들에 대해 반응함으로써 자신만의 아이디어로 발전시켜 갈 수 있다는 점은 심리학적으로 매우 중요하다. 무엇보다도 중등학교 고학년이나 대학 수준의 학생들이 자신에게 생동감 있는 아이디어를 갖도록 해야 한다는 것은 별도 언급할 여지 없이 중요하다. 그럼에도 학생들이 이수해야만 하는 지식 이외에 자신만의 독창적인 지식을 연마하는 것을 크게 장려하는 것은 대학의 관점, 특히 보수적인 대학의 관점에 매우 어긋나는 기이한 것으로 여겨진다.

딜다이[3]와 애덤스는 교육이 기성세대가 전수하길 바라는 생각, 지식, 태도를 젊은 세대가 습득해야 한다는 점에서 개인 간의 영향력이 중요하다는 점에 동의한다. 이러한 점을 중시한다는 점에서 학교는 지식 전수에 있어서 신중해야 하며 면밀한 계획을 토대로 운영하는 기관으로 여겨진다. 다만 최근 들어서야 심리학적 입장에서 학습에서 감성적인 요인의 중요성이 부각하였으며, 그 결과 감성의 교육적 중요성이 존중되기 시작하였다.

이러한 생각이 교육에 관한 보다 폭넓은 개념을 고려하도록 하였다. 이러한 광의적이고 다소 모호하기도 한 교육의 개념은 밀J. S. Mill이 세인트앤드루스대학 총장 취임 강연에서 찾을 수 있다.

> 우리 스스로가 무엇을 하건 간에 그리고 남이 우리를 위해서 하는 것이 무엇이든 간에 그것이 완벽한 상태로 우리를 인도한다면, 그것은 교육이라고 할 수 있다. 더 넓은 의미에서 교육은 인성과 역량을 함양하는 데 간접적인 영향을 미친다. 그 간접적인 영향은 서로 다른 명시적인 목적을 가진 정부, 기업, 삶의 방식에 의하여 이루어지며, 심지어는 인간의 의지가 전혀 작동하지 않는 물체, 기후, 지리적 여건에 따라 이루어지기도 한다.[4]

이 인용문에서 앞서 언급한 협의의 교육 개념에 담긴 내용을 더 욱더 적극적으로 수용하고 있음을 확인할 수 있다. 이는 우리의 행동을 개선하고 가치를 고양하는 모종의 힘과 영향력을 교육이 표상하고 있다는 점을 전제한다. 이를 밀은 성격에 주는 영향이라고 지적한 바 있다. 반면에 애덤스는 학생들의 인성을 개조하는 데 주목하였지만, 지적인 측면에서 지식의 획득을 강조하여 그 획득된 지식을 선택과 의지가 작동하는 데 활용해야만 그것이 교육적으로 의미를 갖는다고 하였다.

교육은 사회적 상황 속에서만 일어난다. 로빈슨 크루소는 생존하기 위하여 혼자서 사태를 해결한 것으로 여기지만, 그것은 그가 외딴섬에 고립되기 이전에 사회 구성원으로서 받은 훈련과 학습경험을 토대로 하여 자신이 독자적으로 적용하여 얻은 좋은 결과 때문임을 간과해선 안 된다. 교육이 필요하다는 것이 사람들이 어울려 산다는 데서 나온다는 점을 인정한다면, 교육의 가장 중요한 목적은 가장 포괄적인 의미에서 사람들이 성공적으로 어울려 잘 살게 하는 것이어야 한다. 사회 또는 공동체가 발전해 가면 그만큼 그 구성원들의 삶을 규정하는 규범도 발전해 간다. 그래서 사회학자들은 사회를 하나의 제도로 본다. 제도는 각 개인이 지닌 이해관계가 상충하거나 상호작용하는 데서 출현한다. 이렇게 출현하게 된 제도는 역으로 갈등과 조화의 기능을 수행하면서 사회 구성원이 어떤 동기에서 어떻게 행동해야 하는지를 결정하는 인성의 개인적, 사회적 발달에 이바지한다. 따라서 교육은 개인이 사회에 적응하도록 발달시키면서 동시에 이를 통해서 사회를 변화·발전시키는 동력이다.

그렇다면 교육의 광의적인 정의를 내릴 수 있는 주된 특징은 어떻게 요약해 볼 수 있을까? 한 개인이 다른 개인에게 미치게 되는 영향은 교육적 과정의 한 형태이다. 실제로 이러한 영향력은 복잡하고, 미묘하고 지속적일 수 있다. 혹자는 이 영향력을 강조하고자 그 중요성을 이후 성인의 삶을 결정하는 점에서 어릴 적 경험에 국한하려고 한다. 아니면, 그 영향력의 중요성은 인격적으로 도야된 스승과 함께 하면서 삶의 기준을 고양할 수 있다고 본다. 하지만 이러한 점들을 인정한다고 하더라도, 우리가 반드시 숙고해야 할 교육적 과정이 있다. 가정이 학교보다 우선적으로 영향력을 갖는 중요한 환경이듯이 학교가 아이들이 성장하면서 겪는 환경 중 하나라는 점을 인정한다면, 학교에서 가르치는 교사만 중시할 것이 아니라 가르치는 일이 일어나는 학교의 조직과 주변 여건도 역시 중시해야 할 것이다.

제3장
교육의 보다 폭넓은 정의

교육의 핵심적 주체는 아이들에게 가르칠 내용을 창출하고 나아가서 인간관계를 통해서 문화적 유대를 형성해 가면서 아이들과 상존하는 사람들의 집합인 공동체이다. 이를 단초로 하여 공동체 성원이 속한 사회의 필요에 부응해야 하고 사회에 의하여 전수되는 영향력을 체계적이고 유의미하게 학습하도록 하는 것이 곧 교육이라는 생각이 정립된다. 프레드 클락 경이 주창한 '교육적 사회educative society'라는 말은 세 가지 의미를 지닌다. 하나는 사회의 교육적 영향력이며, 다른 하나는 교육은 사회 구성원을 통해서만 받을 수 있는 것이며, 또 다른 하나는 교육이 특정 사회와 연관되어 있다는 점이다.[1]

가정, 학교, 마을, 지역사회, 도시, 국가건 간에 우리는 각기 차원의 집단에 속하기 때문에 그 집단이 지니는 가치관이나 규범을 학습하고 동시에 이를 통해서 사회를 대리한다. 민주 정부, 이윤 추구 동기, 음악, 언론, 공공건물, 사회구조, 노동-여가 균형, 부모-자식 관계, 섭취하는 음식물, 관습과 풍속 등은 모두 우리가 공동체를 통하여 교육받은 내용인 동시에 후세를 교육하는 내용이다. 만약 아이가 부모가 말할 때 떠들어서는 안 된다든지 식사 전에 손을 씻어야 하고 말할 때 말투와 어휘 선택에 유의해야 한다는 점을 배운다면, 아이 엄마는 사회적으로 용인된 행동을 가르치는 것은 물론 아이가 사회생활을 어떻게 해야 할 것인가를 아이에게 설명하는 것이다.

그러므로 우리는 학교에서 전형적으로 볼 수 있는 형식적이며 제도화된 교육 형태와 공동체의 영향력이 작동하여 사회가 영향력을 행사함으로써 이루어지는 더욱 일반화된 사회교육 형태를 구분해야만 한다. 우리는 더 이상 교과 구분에 연연할 필요가 없다. 우리는 사회 속의 학교를 다룰 수 있지만 학교와 사회를 병렬로 놓고 다룰 수도 있다. 말하자면 우리가 그토록 중시하는 형식적 학교 교육도 사회 속에서 여러 요소가 결합하여 일어나는 것이므로 교육은 분리할 수 없는 하나의 동일체로 보아야 한다.

그러면 어떤 근거에서 교육의 개념을 광범위하게 넓힐 수 있을까? 나는 세 가지 근거를 제시하고자 한다. 하나는 민주주의의 확산이며, 다른 하나는 사회적 환경을 우리가 제어할 수 있다는 점이다. 또 다른 하나는 교육 주체로서 가정과 공동체의 중요성이다.

민주주의 확산

민주주의가 지니는 명백한 딜레마는 공동체 구성원에게 균등하게 책임과 보상을 부여해야 한다는 점과 모든 구성원이 똑같은 능력을 부여받지 못했다는 점 사이에 있다. 이 딜레마는 교육 현장에서 명백하게 그리고 첨예하게 드러난다. 논란의 여지 없이 특정 연령대에 의무교육을 확대한다는 데 합의한다고 해도 이 기간에 무엇을 가르칠 것인가 하는 문제가 제기된다. 봉건적 조직이라면 집단 간의 차이에 따른 차별화된 보상과 책임을 부여할 수 있을 것이다. 봉건제도 전반에 걸친 강압과 복종을 언급하고자 하는 것이 아니라 귀족은 농노와 똑같은 교육을 받을 필요가 없음을 말하고자 하는 것이다. 기원전 5세기 아테네 자유민에게 중요한 자유교육과 이를 귀족 계층, 특히 17세기 잉글랜드 예비 귀족 계층에게 맞게 변환시킨 교육은 19세기 수공업 노동자 자녀를 가르칠 초등교육을 고려할 때 똑같이 적용할 수는 없다. 교육과정만이 다른 것이 아니라 그 교육과정이 지향하는 바도 다르기 때문이다.

인간의 권리가 중요한 정치원리로 자리 잡고 보통선거가 사회 전반에 고루 확대됨에 따라 교육에서 무엇을 고려해야 하는가는 주요 쟁점이 되었다. 이는 정치적 민주주의가 확대된 데 그치지 않고 분명 여러 사안을 고려해야 하는 쟁점이다. 또한 이는 19세기 잉글랜드에서 산업이 발달함에 따른 문제이기 때문에 학교 교육을 통해 이에 어울리는 새로운 삶이 무엇인가를 고려해야 할 사안이다. 19세기 초등학교 체제는 일차적으로 문화적 가치가 아니라 오해 소지가 전혀 없는 압도적으로 실용적 가치에 맞추어져 있다. 이런 상황에서 교육적 가치를 도덕적, 종교적 원리와 결합하게 되면, 양심에 따른 행동과 계몽된 인간 육성과 관련된 지식과 덕목이 새로운 고려 사항으로 추가된다. 이는 직업교육과 확연하게 구분되는 일반교육에 대한 대다수 사람의 욕망과 결부된다. 즉 교육은 무엇보다도 우리가 사는 세상에 대한 이해력을 높이고 상상력과 창의력을 높여야 하며, 이를 문화적 수준으로 고양하도록 문해 능력을 길러줘야 한다는 것이다.

자유교육의 이상이 확산하면서 무엇을 가르쳐야 하며 그것을 어떻게 가르쳐야 하는가에 관심이 높아졌다. 그러나 여기에 추가로 고려해야 할 사항이 두 가지 더 있다. 수 세기 동안 특정 학교에서 가르쳤던 교육 내용은 소수의 영향력 있는 사회문화적 지위에 있는 사람들이 결정해 왔다. 베블런Veblen이 지적한 바와 같이,[2] 이들은 다수의 노동자에 기대어 여가문화 계층으로서 그들만의 고급문화를 향유했던 사람들이다. 이는 소수 문화라고 할 수밖에 없으며, 그들이 제시하는 교육목적은 그것에 익숙한 집단이 지닌 생각을 재현하고 있을 뿐이다. 사회적 유동성이 큰 지금 사회적 계층 상승을 노리는 이들은 이러한 소수 문화를 탐내어 자신만이 아니라 자식에게도 그것을 추구하도록 할지도 모른다. 소수 문화의 산물을 놓고 이를 다수가 수용할 수 있는가를 결정하는 일은 매우 어려운 과제이다. 그러면 세련된 귀족문화를 정제하여 대중에 맞게 수정해야 하는가? 아니면 이처럼 세련된 문화유산의 격을 누그러뜨리지 않고 그대로 대중에게 전파할 수 있을까? 이는 봉건 질서에서 민주 질서로 넘어가는 과정에서 항상 제기되는 교육적 문제로서, 귀족문화로의 고양인가 아니면 대중문화로의 격하인가로 표현된다. 이러한 논의는 본받을 전형을 귀족 계층인가, 아니면 신흥 부르주아나 전문가 계층에서 찾아야 하는가로 이어진다.

이와 관련하여 우리가 염두에 두어야 할 또 다른 사항은 산업화에 따른 과학 기술의 영향이다. 우리 모두 산업화된 문명 속에서 살게 되었기 때문에 교육과 직간접적으로 관련된 모든 문제는 고도로 문명화된 귀족문화에서 비롯된 인문 영역과는 다른 차원에서 고려해야만 한다.

교육이 모두에게 확대 개방되면서 우리 사회에서 일어난 일은 이전 세대에서 형성된 교육관 중 일부는 새로운 교육관, 즉 민주적 교육관으로 바뀌어 가고 있지만, 여전히 대중 교육에 적합한 교육관이 충분하게 형성되었다고 보기 어렵다. 일반교육에 적합한 새 개념은 과거의 '교양culture'이라고도, 사립학교의 전통을 통하여 채택된 기독교적 신사라고 정확하게 단정할 수도 없다. 또한 이들과 밀집하게 결합한 신사와 학자의 양태에 부합한다고도 할 수 없다. 학교가 현대 사회에서 제대로 역할을 하도록 하는 내용을 담아야 하기 때문에 새로운 교육관은 더욱 민주적이며 현실적이어야 한다. 이는 곧 민주사회에서 깨어 있는 모든 시민이 구비해야만 하는 정신 역량이 필요함을 뜻하지만, 이를 실현하기 매우 어려운 기본 작업임을 뜻한다. 민주적 전통을 확립하면서 개별 시민에게 알맞은 소양을 차별화하여 제공하는 것은 더욱더 어려운 과제이다. 왜냐하면 민주시민 개개인은 자신만의 고유한 관심과 적성을 가지고 있기도 하지만, 자신이 받고자 하는 교육에 반영할 관심사가 소수 문화에 속한 배경을 가질 수도 있기 때문이다.

민주 국가에서 교육은 모든 이에게 본질적으로 동일한 교육이 주어진다는 점을 지향해야만 한다. 선천적 재능은 다양한 사람들이 제각기 어떻게 고려되어야 하는가와 밀접하게 관련된 문제이므로, 교육은 다양한 사람들을 고려하도록 해야 한다. 민주사회에 사는 사람이 나름대로 겪을 수 있는 경험은 다양하기 때문에 수많은 관심사가 교육체제 속에서 고려되고 실제 교육에서 다뤄지도록 해야 한다.

모든 교육 내용을 직업훈련의 형태로 변형시켜서 산업사회에 적응시키는 것은 민주 교육을 매우 그릇되게 규정하는 것이다. 또한 현재 필요에 맞추어서 전통, 역사, 유산 등을 근본과 단절시키는 것도 민주 교육을 그릇되게 규정하는 것이다. 인류 역사는 끊임없이 이어진다는 점은 인문 전통에서 새겨야 할 내용 중 하나이며, 민주적 추세 속에서도 교육과정에 포함된 인문학 지식은 중요성은 변함없다는 점도 중요하게 새겨야 한다. '만약 어떤 교과든 인문적 가치를 가졌다면 그것은 그 내용이 아니라 가르치는 방법 때문에 가능하다'는 윌리엄 제임스William James의 말은 이러한 맥락을 반영한다.[3] 요즈음 과학 기술의 필요성 때문에 과학교육을 확충해야 한다는 논의에서 이 말처럼 중요한 것은 없다. 학교는 교육과정의 관심 폭을 넓히는 데 주력해야 한다. 즉 학교는 모든 아이가 일상 언어, 수학적 기호, 사물, 과학적 개념, 역사와 지리, 양심과 도덕적 가치를 다룬 내용을 접할 수 있도록 해야 한다. 이러한 점을 받아들여도 한 걸음 더 나아가 수단이 곧 목적이 된다는 점을 고려하여 과학을 가르치면서 거기서 인문적 가치를 알도록 해야 한다는 점을 명심할 필요가 있다. 우리가 학교나 대학에서 역사를 공부하면 그것은 곧 정치사, 경제사 및 사회사를 공부한다는 점을 염두에 두어야 한다. 과학사 또는 발명의 역사가 역사학의 한 부분으로 다루어진 것은 아주 최근의 일이다. 왜냐하면 과학사는 삶이 얼마나 빨리 변할 수 있으며, 사회경제적 위기가 어떻게 닥쳐오는지 그리고 우주를 해석하는 방식의 변화를 이해하는 데 중요해졌기 때문이다.

사회적 환경의 통제

우리가 주변 상황을 통제하면 할수록 그만큼 교육의 개념 폭도 넓어진다. 그 명확한 형태가 바로 사회서비스의 확장이다. 지식이 증가한 만큼 그것을 인간사에 적용할 수 있도록 결합하는 것이다. 이를테면 심리학과 사회학 지식을 정치적 원리와 철학적 원리에 결합하는 것이다. 이에 대한 여러 가지 비판이 있다. 가치 관련 없는 지식을 인간사로 확장하는 것은 인간의 자유를 침해할 소지가 있으며, 인간의 책임감을 약화하는 결과를 초래한다는 것이다. 이러한 비판은 일정 부분 정당화 여지가 있지만, 반대로 다음과 같은 여지도 있다. 즉 자연과학 지식을 인간사에 결합함으로써 그것을 더 많은 사람의 관심사로 인식할 수 있고 이에 따라 공동의 책임을 확인할 수 있다는 점에서 우리는 더욱 친밀한 공동체 일원이 된다는 것이다.

사회 모든 이의 관심사로서 이에 대한 사례로 아동 상담 치료의 도입, 청소년 적응과 클럽 활동, 진로 지도를 들 수 있으며, 그 결과 상담학이 젊은이들의 직업 선택을 도와서 그들이 행복하고 성공적으로 살도록 돕는 학문으로 성립한 것을 들 수 있다. 이러한 활동들이 도입되는 것은 여건을 조성함으로써 주변 상황을 더욱 이롭게 변화시킨다는 것을 보여준다. 이것은 곧 이러한 작업이 이루어지는 사회에 사는 누구에게나 엄청난 결과를 가져다준다.

이러한 교육 활동을 통하여 우리는 상호 간에 그 이전보다 더욱 효과적인 소통을 할 수 있게 되었다. 방송, 영화, 텔레비전 등을 사용하여 우리는 공간적 격차를 해소할 수 있으며, 이들 매체를 통하여 아이디어를 더욱 폭넓게 전파할 수 있으며, 많은 이의 삶을 다각도에서 공유할 수 있게 된다. 이처럼 매체와 관련한 공공정책의 중요성을 따로 강조할 필요는 없다. 국가는 원하는 교육적 성과와 만족을 얻어낼 수 있기 때문에 이에 당연히 투자해야 하며, 라디오, 영화, 텔레비전 분야를 일군 전문가들이 작업할 수 있도록 허용해야 할 것이다. 이러한 매체의 영향력과 중요성 때문에 학교 교육뿐만 아니라 성인교육에서도 무조건 매체를 활용하도록 교육 정책을 입안해야 한다고 과도하게 추정해선 안 된다.

우리 주변 환경의 또 다른 관심사를 고려해 보자. 이를테면 주거, 건축, 기타 편의 시설을 설계하는 도시계획은 우리 삶의 공간 배치 측면에서 영향을 준다. 애초에는 타운건설과 근린 계획으로 시작하지만, 생각 없이 지은 건축이 낳은 음울한 결과를 수없이 보게 된다. 이러한 문제를 언급하면서 우리는 경제가 돌아가야 한다고 주장하는 이들이 내세우는 거시적인 관점을 인식해야 하지만, 이들의 주장을 받아들이는 데에도 오늘날 안고 있는 가족 문제를 고려할 필요가 있다. 그 어느 것보다도 가장 중요하게 고려해야 할 사항은 교육이며, 이에 따라 건축 문제도 성장하는 아이들에게 좋은 환경의 학교를 마련하는 데 집중되어야 한다. 제2차 세계대전 이후 영국에서 가장 흥미 있고 관심을 끈 건축 실험은 학교에서 이루어졌다는 점은 주목해야 할 사실이다.

공동체의 중요성

이제까지 언급한 내용은 교육이 학교만이 아니라 공동체를 통해서도 이루어진다는 점을 반드시 인식해야 한다는 데 맞추어져 있다. 학교는 사회가 요구하는 삶을 적합하게 반영할 수 있는 역동성을 갖추어야 한다. 또 학교는 그 자체로 사회가 작동하는 바를 반영해야 한다. 그래야 학교는 아이들을 가르칠 때 그들이 성장하는 토대인 사회에서 겪는 내용에 상응하는 합당하고도 필요한 조치를 취하도록 해야 한다. 과거에 우리는 사회교육의 이러한 실체와 효과를 제대로 인식하지 못하였지만, 지금은 의도하지 않은 발달 측면에서 사회적 요인을 반드시 수용해야만 한다.

민주적 전망이란 곧 사회의 평균적 규범을 지닌 이들을 위한 시민의 통제라고 할 수 있다. 사회 모든 분야에서 사회의 평균적 규범이 무엇인가를 규정하는 것은 매우 어려운 일이지만, 장애인, 맹인, 농인, 교육 하위층, 비행 청소년 등을 고려해야 한다는 점은 명백하다. 현재 우리 교육체제는 아이들의 연령, 능력, 적성에 맞춰 아이들을 교육하게 되어 있다.

이는 교육 정책이 다양한 사람들에게 제공될 필요가 있음을 뜻한다. 이를 통해 우리는 교육 정책이 평등을 강조하거나, 공평한 분배를 강조하는 것처럼 볼 수도 있다. 그러나 교육 기회균등이 연령, 능력, 적성에 따라 고려되어야 한다면 그것은 사회 통합보다는 차별화된 교육체제를 낳게 된다. 교육 기회균등 원리가 작동하는 데에 제약이 따르는 것은 분명하지만, 모든 이에게 접근이 가능한 교육 제공이란 곧 모든 이에게 똑같은 교육을 제공하는 것을 의미하지 않는다는 점을 명심해야 한다. 이러한 신념을 토대로 철학적, 정치적 이념이 장애인에게 먼저 초점을 맞추어야 한다고 주장하는 교육사상가들이 있다. 하지만 그들의 주장이 장애아 지원을 줄여서는 안 되며 전체 증가한 만큼 늘려야 하고 그것은 영재들을 위한 지원을 줄여야 한다는 것으로 이어진다. 그 결과 그들은 지적으로 우수한 쪽과 벼랑에 선 쪽 사이의 간격을 줄여야 한다는 주장을 하는 셈이다.

발전된 양태로서 민주주의는 개인 사이의 능력과 적성에 있어서 차이를 민감하게 반영하는 데 그치는 것이 아니라 그들의 연령, 사회적 배경, 성장 과정에 있어서 차이를 반영해야 한다. 즉 남녀, 아동과 청소년, 성인 중 전일제 성인교육을 받는 이와 시간제 성인교육을 받는 이를 각기 고려할 교육체제와 교육 방법이 요구된다는 점을 인식해야 한다. 교육과정, 교수 방법, 학생 생활지도 방식, 상담 그리고 장학에서도 차이점을 모두 고려해야 한다.

교육과 사회적 환경의 관련 이외에 우리는 각 개인이 내리는 가치 평가가 교육의 이름으로 행해지는 것에 영향을 미친다는 점을 알아야 한다. 사람들은 교육을 통해서 지적 능력이 월등하게 향상되는 것만 아니라 이와 함께 감성적인 요인들도 향상되기를 원한다. 이러한 성향은 두 가지 뿌리가 있다. 하나는 가르침은 인간의 궁극적 운명과 반드시 연관되기 때문에 어려서부터 이러한 초월적 목적에 대비하도록 가르쳐야 한다는 기독교 영향이다. 기독교는 인간의 이성과 지력의 한계를 지적하고 인간 영혼에 깊은 신앙심을 돈독하게 함으로써 인간이 지식 발전에 공헌했다고 보두앵Baudouin은 말한 바 있다.[4] 하지만 영국 교육 전통을 살펴볼 때 종교가 학교생활에 미친 영향은 학생들의 행동을 억압하고 죄의식과 부적응 행동을 심어주었다는 점은 사실이다. 심지어 이러한 부정적 결과조차도 인간이 훈육을 통하여 길러낸 지력을 넘어서는 무엇이 있다는 신앙에 따른 것이다. 특히 19세기와 20세기 전반에 걸쳐 감성이 지닌 창의적인 가능성은 비록 문법학교와 대학을 제외한 교육 분야 전반에서 광범위하게 받아들여졌다. 다만 초등학교 저학년에서는 사정은 달랐다.

19세기 사립학교에서 설정한 교육 이념은 기독교 신사교육을 강조한 아놀드 박사Dr. Arnold 저술에 잘 나타나 있다. 그는 라틴어와 희랍어 교육을 강조하면서 채플 참여와 기독교 이상을 추구하는 공동체 일원으로서 교사가 수행하는 교육을 강조하였다. 이는 지력과 이성에 못지않은 감성과 의지를 강조한 것이다.

감성 교육에 공헌한 또 다른 뿌리는 정신분석학이었다. 신생아는 태어나면서부터 만족과 감성 표현의 욕구를 드러낸다. 이러한 성향을 프로이트는 성적 성향, 공격 성향이라고 하였다. 그러므로 교육이 제대로 되려면 프로이트가 말하는 성향과 욕구를 드러내려는 본능을 고려해야 한다. 이는 정신분석학자들이 주장하는 것처럼 시기별 교육의 중요성을 강조하는 것이다. 교육은 지력의 도야와 지적 성취를 입증하는 평가에만 매달려선 안 된다는 주장이다. 중요한 점은 현재 교육받는 사람의 심성을 심층적으로 분석하는 일이다. 지력이 작용하여 표현되는 의식이 무의식과 관련되어 있고 무의식에서 기인함을 인정한다면, 우리는 교육이 개별 학생의 무의식에 집중되어야 함을 인식해야만 한다. 이와 마찬가지로, 우리가 규범을 학생들에게 요구한다면, 그 규범과 관련된 의식 세계의 자아와 초자아를 함께 고려해야만 한다. 특히 초자아는 규범을 따르게 하는 충동이 무의식 세계와 유사한 방식으로 일어나기 때문이다. 바다 쪽에서 보면 자아가 해안선이라면 초자아는 해안으로 인식하게 하는 배후지를 표상한다고 할 수 있다.[5]

교사가 교과를 가르치면서 관련된 교육목표를 달성하려는 것은 누구에게나 명백한 사실이다. 하지만 교사는 자신의 인성에 기대어 가르치는 아이들의 인성을 다루고자 한다. 이제 교과를 가르치는 공적인 경로인 권위를 지닌 교수자로 교사를 인식하는 것은 타당하지 않다. 학생을 하나의 인격체로서 재평가한다면, 마찬가지로 권위적이거나 권위주의적인 교수자로 인식되었던 교사도 학습자를 선도하는 안내자로 인식되어야만 한다. 또한 지적 학습이 잘 이루어지려면 교사와 학습 사이에 감성적인 상호 존중이 있어야 함을 인식해야 한다. 달리 말하자면 우리가 가르치는 아이와 아이를 대하는 방법에 관심을 집중해야 한다는 것이다. 우리는 아이들이 반드시 알고 새겨야 할 지식을 습득할 학습에 그치지 않고 아이가 지닌 지력을 넘어서 작동하는 인성을 형성할 학습이 이루어지길 바란다. 우리가 가르치는 내용은 반드시 아이의 과거 경험과 현재 갖고 있는 욕망에 결부되어야 한다. 현재 성인 문제를 다룬다면 성인의 경험과 욕망이 아이가 갖는 그것과 확연하게 다르다는 점은 분명하다. 이를 인정한다면 교수 방식, 이를테면 중등학교와 대학 학부 과정에서의 교수 방식도 달라져야 한다.

교육의 폭넓은 정의를 다루면서 그 맥락에서 공동체 중요성을 언급하고 있다. 기독교와 정신분석학이 교육적 사고에 부분적으로 공헌한 점과 함께 정치적 영향력이 부분적으로 영향력을 미친 점을 들었다. 교육이 교사 중심에서 교과 중심으로, 그리고 다시 아동 중심으로 옮겨 간 것은 같은 시대에 영국에서 정치적으로 일어난 민주적 변화에 상응한다. 정치에서 민주적 절차는 교육에서 민주적 절차로 이행되었다. 이는 곧 교육 기회를 지닌 권리가 의무교육 기회 확대로 이어진 것에 견줄 수 있다. 민주사회에서 권리 확충이 낳은 정치적 결과는 민주적 절차에 따른 의무 이행으로 나타난다. 이처럼 거시적인 관점에서 확인할 수 있는 결과도 중요하지만, 학교 내부에서 실행되어야 할 민주적 행동 절차와 평등주의 원칙을 고려해야 한다. 아동 중심 교육과정은 원하는 것을 구매할 소비자 권리와 별반 다르지 않은 동족어라고 비판할 수 있을지도 모른다. 권위주의적 교사에 대한 적대감은 곧 정치와 사회체제에서 어디서나 볼 수 있는 평등주의에 대한 적대감에 비견한다고 주장할 수도 있다.

지난 2~3백 년 넘게 교육 실험이 있었던 것이 사실이다. 예를 들자면 토마스 데이Thomas Day는 루소의 교육 원리를 현실에 적용하는 실험을 하였으며, 힐Hill 형제는 하젤우드Hazelwood 실험학교를 운영하였으며, 로버트 오웬Rober Owen은 라나크 지방Lanarkshire에서 경제, 문화 공동체 설립을 구상하였다. 이러한 종류의 실험이 아무런 연계 없이 독자적으로 추진되기도 하였지만, 20세기 초에 이를테면 '진보주의 운동Progressive Movement'에 뜻을 함께하는 사람들이 모여 결성한 조직은 매우 의미가 깊다.[6] 이처럼 조직적인 교육 운동이 가능했던 것은 새로운 운동이 저항해야만 했던 잘 조직된 기존 학교 체제가 있었기 때문이다. '새 교육 동지회New Education Fellowship'는 20세기 초 비공식적 학교들이 느슨하게 결성된 모임에서 비롯되었다. 이러한 종류의 학교와 이 새로운 교육 운동이 전반적으로 강조했던 점은 '개인의 자아실현'이었다.[7] 이러한 슬로건이 교육 현장에서 무엇을 지향하는지 파악하려면 이에 관한 의미 검증과 명확한 규정이 필요하다. 우선 논의를 위하여 전통적 사립학교에서 추구하는 기독교 신사 교육의 이상은 사회제도와 행동 규범 및 절차에 순응을 전제로 하고 있다는 점이며, 이는 고전 학습을 바탕으로 하는 경쟁 체제에서 아이들을 혹사하는fagging 철저한 교육체제로 규정된다는 점을 지적할 수 있다. 소위 사립학교를 본받아 순응을 교육 원리로 삼은 교육문서는 차고 넘친다. 이러한 순응 원리에 반대하여 진보적 학교들은 각기 다른 개별적 관심사와 개인의 취향, 이에 따른 다양한 활동을 강조하고자 노력하였고, '혹사'로 수식되는 철저함을 추구하는 교육체제를 강조하지 않는다. 그 결과 기존 전통적 사립학교에서 경시되었던 미술, 음악, 공예, 실외 노작 활동 등을 새로운 교과목으로 편성한 교육과정을 도입하였다. 진보 학교에서는 게임이 경쟁을 유도하는 대신에 신체적 활동을 촉진하도록 수용하고, 특정 게임을 선호하지 않는 개인에게 그 외의 여러 실외 활동과 신체 운동을 권장하는 등 나름대로 방식으로 유연하게 교육과정을 운영하였다. 이러한 모든 변화를 한 마디로 설명하자면, 전통적 사립학교는 부과된 순응을 강조하였고, 진보 학교는 다양성 부여를 자신의 성취 목표로 삼았다는 점이다.

이러한 양극화 현상을 정당화하려면 두 가지가 역사적으로 어떻게 발전해 왔는가를 살펴보아야 할 것이다. 우선 두 가지가 시간이 흐름에 따라 상호 작용하면서 변형되었다는 점을 언급할 필요가 있다. 사립학교는 순응을 다른 어떤 교육목적에 앞서 추구한 결과 교육과정을 유연하게 운영하지 못하였다는 비판을 받았다. 그래서 사립학교는 이에 대하여 수정하면서 변신하였다. 진보 학교는 지나치게 개인주의를 강조한 결과 사회적 무책임을 조장하였다는 비판을 받았다. 그래서 진보 학교는 이에 대하여 시정하면서 변신하였다. 이제 양쪽 특성을 확정적으로 단언할 교수 방법도 없으며, 당시 학생이 반드시 배워야 한다고 단언할 알맹이도 없다. 오로지 단언할 수 있는 것은 교수 방법은 교과에 따라 달라져야 하지만, 동시에 학습 상황과 학생이 어느 정도 학습 이해 능력을 지녔는가에 따라 달라져야 한다는 점이다. 이와 함께 우리는 교육과정 자체가 시대변화와 교과 사이의 장벽이 없어져 감에 따라 재평가되고 재조직화되어야 한다는 사실을 직시해야만 한다.

우리는 생물학이 30년 전 학교 교육과정에 포함되어 전형적 교과로 정착했음에도 불구하고 그 내용이 수시로 변화했다는 점을 잘 알고 있다. 화학은 이보다 더 오랜 역사를 지니고 있으며, 물리학도 그러하다. 하지만 세 교과를 구성하는 내용은 지난 25년 동안 극적으로 변화하였다. 랄프 린턴Ralph Linton이 문화 지체라고 명명한 현상이 이 과목을 포함한 다른 교과를 가르치는 학교 교육과정에서도 확연하게 드러난다. 또 다른 예를 들자면, 학교 교육과정에서 지난 60~70년 동안 대부분 학교에서 가르친 내용 중 지리학을 제외하고 사회과학을 대표하는 내용은 없다. 지난 반세기 동안 심리학, 사회학, 경제학이 급속도로 발전하였지만, 그것은 일반 학교 수준이 아닌 대학 연구 수준에서 가르쳐 왔다. 현재 사회과 수업에 대한 관심이 증대하고 있지만 그 내용은 사회과학 영역 내에 속한 개별 학문의 내용을 짠 혼합물이다. 하지만 이러한 혼합 형태는 과학, 공학 그리고 커뮤니케이션의 사회적 측면을 부각한다. 실제로 대학 연구 수준에서 학문적 가치가 있다고 인정받은 내용이 학교 교육과정에 공시적으로 수용되기도 전에 교육 내용으로 침투되는 것을 확인할 수 있다. 이는 대학에서 연구하는 사회과학이 이행성이 강하기 때문이다. 지리학은 학문 자체가 혼합적 특성이어서 풍성한 내용으로 구성된다. 여기에 지질학과 생물학과 연계한 과학, 역사학과 연계한 미술, 정치학, 경제학 및 사회학과 연계한 사회과학을 그려볼 수 있다.

이제 우리는 더 이상 권위, 즉 교사의 권위, 서적의 권위, 고전의 권위, 걸작의 권위, 위대한 사상의 권위에 의존할 필요가 없다. 독해력, 이해력, 기억력, 암송 능력을 기르는 배타적인 교육적 역량이라고 강조되었던 서적을 통한 학습은 도전받기에 이르렀다. 또한 서적 중심 학습은 전혀 다른 각도에서 그 중요성이 드러나기도 하였다. 현재 특출한 전문가들의 연구 결과를 통하여 특정 교과를 심층적으로 연마해야 하며 반대로 깊이 없이 폭넓게 학습할 필요성이 줄어든다는 점이 강조되고 있다. 하지만 최근 학생들은 자신만의 학습 방법에 따른 학습 참여가 많아지는 만큼, 도서관, 실험실, 회의 참여 및 각종 자치 활동을 통한 발견학습이 권장되고 있다. 이처럼 변화된 학습 방법은 교육과정뿐만 아니라 시험 방식에도 영향을 주었다. 이에 따라 우리는 성과를 측정할 기준과 검사지가 변화해야 한다는 점과 함께, 개인이 거둔 성과를 기록한 자료를 세심하게 관리하게 되면 그것이 과거 기록으로만 남겨두는 것보다 교육 상담이나 진로 지도를 위한 자료로 활용될 수 있다는 점을 인정해야 한다. 이 자료는 중등학교 학생 선발에도 활용할 수 있을 것이다. 최근 몇 년 동안 검사 결과에만 의존해선 안 된다는 비판과 개별 아동의 심리 발달을 상세하게 묘사해야 한다는 요구가 있어 왔다. 그 결과 우리는 개별 학생마다 학교생활을 통해 성취한 내용을 학교 졸업 전 마지막 연도에 기록하고 인성 발달 척도를 포함하는 학생 기록 카드를 도입하였다.

학습 과정에 학생들의 참여도를 높임으로써 학습을 이루어지게 하는 동기부여 요인이 외적 제약이나 보상, 성적 평가 및 수상 등으로부터 벗어나 내적으로 작동하게 된다. 이러한 사실을 받아들여야 한다면, 이제 교사가 할 일도 변해야만 한다. 교수 방법은 상거래 기법처럼 요령을 심어주는 것이 아니라 사회교육의 방식으로 바뀌어야 할 것이다. 여기서 사회교육 방식이란 학생의 전인적 발달을 전제로 하면서 지적인 성취를 단순하게 평가하는 데 그치지 말고 인간 이해의 지평을 넓혀주는 일이다. 결국 강조점은 교수와 학습이 아니라 생활이 개선되는 데 맞추어져 있다. 교육기관 자체가 먼저 살아 숨 쉬는 사회가 되어야 하며, 교원 양성 과정도 이러한 변화를 반영하여 마련되어야 한다.

이러한 이유에서 나는 역사적 사회 변혁에 따라 교수와 학습을 중심으로 한 교육의 협소한 개념에서 벗어나 학생 인성과 교사-학생의 동등한 관계에 영향을 미칠 보다 광범위하면서 심층적인 개념으로 정립되어야 한다고 주장한다. 앞 장에서 살펴본 수업, 교수, 교육의 개념적 구분도 중요하지만, 교육 활동이란 사람 사이의 풍부한 관계에서 비롯되며 인간과 그들이 살아가는 사회의 관계를 인식하는 데서 비롯된다고 나는 확신한다.

'옷은 천을 잘라서 만들어야 하지만, 그것을 입을 사람을 염두에 두고 잘라서 만들어야만 한다.'

제4장
교육목적의 역사적 성격

단순했던 전통사회에서 대부분의 일을 당연시하였으며 그 결과 교육목적이나 교육이 어떠해야 하는가에 대하여 거의 의심하지 않았다. 예를 들면 잉글랜드의 대학과 전통적 학교에서는 고전 교과로 구성된 교육과정을 거의 지난 4세기 동안 그대로 가르쳐왔다. 사회적 변화의 조짐이 확연히 드러나면서 이를 역사적으로 조망하려는 이들이 사람의 일생에 걸쳐 일어날 변화와 그것이 역사의 한 부분으로서 어떤 의미를 지니는지를 인식하기 시작하였다. 따라서 선도적으로 변화를 감지한 이들은 자신들이 교육을 통해서 얻은 지식을 반추하여 해석하고 어느 측면에서 지식이 중요한지를 탐색하게 되었다. 그들은 시대에 앞서 교육에 담긴 아이디어를 조망해야만 했다. 그렇게 조망하는 데 있어서 그들은 과거로부터 전수되어 온 가치와 미래에 전수되어야 할 가치에 대한 중요성을 망각하지 않았다.

서유럽 역사에 전개된 교육목적과 이상을 간략히 조망함으로써 이 문제를 살펴보기로 한다. 이 장에서 살펴볼 핵심 이론을 비롯한 모든 서양 교육이론은 실존하는 것을 더 고귀하고 향상된 것으로 바꾸려는 노력으로 점철되어 있다. 이러한 특징이 상세하게 부각할 때 더욱 수준 높은 교육목적으로 간주하기 시작하였다.

가장 먼저 고대 희랍의 이상을 보자. 6백 년에서 7백 년에 걸쳐 전개된 희랍의 이상이 지닌 역사적 특징을 일목요연하게 진술하는 것이 불가능하지만, 기원전 5세기 전후의 아테네에서 발견된 특징을 가장 희랍적인 것으로 간주하는 경향이 있다. 고대 희랍 전반기에는 충실한 부하들을 거느린 전사 귀족들이 생존을 위하여 싸웠다. 이후 이러한 의사疑似 봉건적 조직은 도시국가와 결합하였으며, 도시국가의 자유로운 시민들이 다른 도시국가 시민들로부터 자신을 보호하고 때론 다른 거대 제국의 침입으로부터 자신을 보호하였다. 서로 다른 방식을 지니긴 했지만 스파르타와 아테네 양쪽 모두 우리가 오늘날 가장 희랍적이라고 하는 훌륭한 삶의 이상을 실현하고자 전력 질주하였다.

고대 희랍의 이 전통에는 두 가지 특징이 있는데, 하나는 군인의 특징이고 다른 하나는 시인bard의 특징이다. 군인은 용기를 지닌 존재로 부각하면서 용감한 행동, 우람하고 균형 잡힌 신체를 과시하고자 한다. 이후에 군인의 덕목은 운동선수의 덕목과 결합함을 알 수 있다. 시인의 전통으로 음악, 체조, 무용, 연극의 중요성이 드러난다. 차후에 이 두 가지 전통이 결합한 데서 또 다른 전통이 나오는데, 그것은 곧 문무를 겸비한 형태로서 정치인의 덕목이다. 정치인의 덕목으로서 의사당에서 자신의 견해를 피력하고 이를 방어하는 뛰어난 능력의 발휘는 전형적인 고대 희랍의 특징이다. 이것이 독립된 개인의 고결한 자존감과 자유를 수호하려는 인간상으로 이어진다.

소크라테스, 플라톤, 아리스토텔레스와 투키디데스와 같은 이들을 거치면서 정의, 진정성, 중용, 조화, 신뢰 등과 같은 덕목이 부각하였다. 훌륭한 사람이란 곧 훌륭한 시민이라는 뜻이며, 선이란 곧 아름답다는 뜻으로 동일시되었다. 우리는 고대 희랍의 덕목을 금욕주의나 냉철한 특성으로 보지 않는다. 희랍인들의 덕목은 열정의 덕목이고 참여와 수용의 덕목이다. 희랍의 신들은 절대적이거나 존엄한 존재가 아니다. 호머의 작품에서 보듯이 그들은 거짓말도 하고, 속이고 심지어 간음도 서슴지 않는다. 그래서 플라톤은 자신의 철학자-왕들이 호머의 작품이나 신들의 변절을 다룬 시인의 작품에 나오는 그러한 부정한 짓들을 하지 않도록 묘사하였다. 그 결과 도덕적 선은 우리가 오늘날 생각하는 것과 같은 희랍 문화의 확고한 원리 중 하나로 자리 잡았다. 하지만 이렇게 자리 잡은 도덕적 선은 선험적 사고 활동으로 얻어낸 결과가 아니라 인간 본성을 표현한 데서 비롯된 것이다. 즉 인간의 심성을 구성하는 모든 요소가 조화롭게 작동한 결과를 말하며, 이런 의미에서 중용은 모든 존재가 갖추어야 할 이상으로 여겼다.[1]

충직하고 용감한 사람을 존중하는 로마의 이상은 희랍보다 단순하며, 어떤 면에서는 아테네보다 스파르타의 전통에서 파생된 것으로 볼 수 있다. 그럼에도 고대 희랍과 로마에서 존중한 기본 덕목은 정의, 용기, 숙려, 자존감으로 정리할 수 있다.[2]

이제 히브리인으로 관심을 돌려보면 그들에게 구원의 약속을 한 유일신을 꼽을 수 있으며, 그 결과 히브리인들의 지닌 기본 덕목은 이 유일신의 신성함을 존중함에서 찾을 수 있다. 선민의식을 지닌 히브리인들은 자신의 역사를 유일신이 자신에게 계시하는 내용으로 채운 역사관을 갖고 있다. 구약의 초기 버전에서 이 유일신은 부족의 신으로 기록되어 있다. 하지만 구약이 전하는 메시지가 영향력이 커지면서 여호와가 유일신이라는 인식은 더욱더 분명하게 자리 잡았다. 히브리인에게 자리 잡은 전통은 자신이 유일신과 소통하고 그 소통은 미래에 유일신이 강림할 때 메시아를 통하여 더욱 확고해진다는 것이다.

고대 희랍의 이상이 후대에 전형적인 모습이라고 할 만큼 모습을 갖추는 데 몇 세기가 걸린 것과는 달리, 성스러운 히브리인의 이상은 구약에 기록된 천 년의 역사보다 긴 세월이 걸렸다고 추정할 수 있다. 기독교는 유대 민족의 사명과 자의식을 통하여 형성되었다는 점을 인정하지 않고는 온전하게 이해할 수 없다.

메시아는 본성이 사악하고 자기중심적인 자기 민족 히브리인을 구원하기 위하여 미래에 강림할 존재로 여겼다. 구약에는 온통 자비의 유일신이 곧 분노의 존재이기도 하다고 하면서 엄격한 아버지가 타락한 자신의 백성들에게 내리는 형벌의 사례들로 가득 차 있다. 기독교의 메시아인 예수 그리스도는 이와 다른 특징을 가지고 있어서, 악의 무리로부터 백성들을 구원하여 승리로 이끄는 영광의 존재로 인식된다. 기독교 정신은 유대인의 신과 복종심에서 비롯되었지만, 유대인의 선민의식을 넘어서 유대인과 비유대인을 가릴 것 없이 구원받을 수 있다는 개방적인 사고로 발전한다. 신 앞에 모든 사람은 다 평등한 존재다. 먼저 된 자 나중 되고, 나중 된 자 먼저 된다. 예수를 따르는 이들은 군인, 학자, 정치가가 아니라, 대부분 어부와 노동자들이다. 구원은 예수 그리스도의 전지적 능력이 아니라 온화함의 메시아를 통해 받을 수 있다. 기독교의 주된 덕목은 믿음, 소망, 사랑이며 이 중에 으뜸은 사랑이라.

예수 그리스도가 기독교 신앙에서 메시아이지만, 예수는 '하늘에 계시는 아버지께서 전능하시므로 그대들이 온전하라'고 하였다. 예수는 그를 따르는 이들을 떠났지만, 그 뒤에 메시아와 같은 능력을 발휘하는 성령이 임할 것이라 하였다. 물론 기독교적 메시아의 본질을 살펴보면 메시아로서 예수의 행적이 계속 이어지지 않는 일회적이다. 부활의 행적은 사람들에게 죽음 넘어 삶이 있다는 희망을 안겨주었으며, 구원은 하나님께서 시간을 뛰어넘어 자신의 목적을 최종적으로 완성하는 심판의 날에 선악을 심판하실 때 얻어진다. 따라서 기독교적 세계관은 현세를 떠나 있어서 구원은 현세에서 그리스도의 삶과 행적을 본받는 데서만 이루어진다.

예수 그리스도가 죽은 뒤 천 년이 지나면서 기독교는 여러 나라에서 다른 형태로 나타났으며, 교회는 로마와 비잔틴을 중심으로 하여 형성된 중요한 기관이 되었다. 유럽의 기독교는 우리가 흔히 봉건제도라고 부르는 사회구조와 결합하여 변화하였다. 중세 기독교국에서 형성된 사상적 주류는 세 가지이다. 첫 번째가 유일신을 찬양하고 명상 수행에 헌신을 정신적인 의무로 여기는 수도승의 금욕주의를 뜻하는 수도원 전통으로 드러난다. 수도원은 교육, 의료 및 구제 사업을 제외한 세속적 일에서 벗어나는 사회적 기능을 수행한다. 하지만 현재 우리가 이해하는 바로는 수도원이 지향하는 바는 자아를 부정하지만, 기도, 명상, 찬양을 위한 영혼을 인정하는 데 있다. 은둔자 또는 성인은 이러한 전통에 뿌리를 두고 형성된 것이다. 수도원은 본질상 계급이 없는 사회이지만, 신에게 모든 것을 헌신하는 사람이 사람들을 도야시킬 수 있으며 그런 만큼 우월한 권위를 지닌다. 신을 섬기는 수녀원장도 수도원 공동체의 겸손한 구성원으로서 이러한 의미에서 권위를 지닌다.

봉건제도는 그 자체에 우리가 오늘날 기사도라고 하는 공식화된 행동 구조와 권리를 담고 있다. 이 제도가 중세 기독교의 두 번째 흐름을 형성한다. 귀족은 태생적 신분에 따라 권력을 행사할 수 있으며 이에 따른 책임은 같은 귀족들, 자신의 복속들 그리고 여자들에게 대한 명예로운 행동으로 드러낸다. 이는 형식적으로는 절제와 예의의 덕목을 드러낸다. 기사도 전통의 깊은 뿌리는 교회와 기독교 신앙과 결속되는 데서 찾을 수 있다. 기사도 정신이 카스트 제도의 특징을 표현한다는 것은 맞지만, 기사도 정신은 종교적 신앙과 직접 관련을 맺고 있다. 다만 이는 앞서 소개한 수도원 전통과 확연히 다른 측면이 있다.

중세 기독교의 세 번째 흐름은 길드 제도에 대한 충성심과 그로 인한 장인들의 자부심에서 찾을 수 있다. 기사 제도가 귀족들에게 헌신한 것처럼 길드는 상공인들의 직업정신을 고양하기 위하여 세워진 조직이다. 도제제도는 장인을 육성하기 위하여 기본 소양을 갖추게 하는 필수 요인이며, 작업의 수준을 유지해 주고 길드 구성원들의 일체감을 조성하게 하였다. 여기서도 교회와 기독교 정신이 차지하는 입지와 중요성을 확인할 수 있다. 오늘날 유럽 대학의 원형으로서 고등교육 발전에 이끌었던 중세 대학은 애초 길드 제도에 유래되었다. 왜냐하면 중세 대학의 교수들과 학부생들은 스스로 길드에서 행해진 방식에 따라 협력하는 구성원으로 여겼기 때문이다. 볼로냐 대학은 학장을 임명하는 학생들의 길드 조직을 토대로 설립되었다. 반면 파리 대학은 가르치는 측 길드 조직이 주축이 되어 설립되었다. 중세 사회는 궁극적으로 종교적 이상이 영적 질서, 귀족 사회, 시민 사회 및 군인 사회를 망라하여 각기 다른 삶의 질서를 통합하려는 질서 유지 체제를 그 정점에 내걸었다. 영국 옥스퍼드와 케임브리지와 같은 명문 대학과 이튼과 윈체스터와 같은 유서 깊은 사립학교의 깊은 뿌리는 이러한 중세의 전통에서 찾을 수 있다.

중세 전성기와 르네상스 시기의 인간의 결정적인 차이를 찾는다면 그것은 판단을 내리는 권위의 근원에 있다. 중세 사람은 교회와 더불어 살았고 자신을 이끌어 줄 사회질서로서 성직자들의 질서에 순응하였다. 이렇게 함으로써 당시 사람들은 자신이 살아가면서 내려야 할 판단의 지침을 얻을 수 있었다. 르네상스 사람은 이와 달리 자신 밖의 외적 권위에 순응하는 데 그치지 않고 어느 경우에는 다소 오만하다고 비칠지라도 자신이 내릴 판단 근거를 마련하려고 하였다. 어떤 의미에서 자신이 법이 되는 것이다. 자신의 행동이 타인에게 미칠 영향까지 고려해서 판단해야만 하였다. 여기서 우리는 판단 기준을 현세에서 찾는 시발점을 확인할 수 있다. 각 개인이 이렇게 얻게 되는 경험은 17세기와 18세기 자연과학이 발달하게 되는 계기를 마련해준다. 이러한 관점에서 비롯되는 회의주의는 이윽고 중세 세계관이 지닌 의구심을 해소하고 결국 변화시켜 버렸다. 사회는 더 이상 이전에 형성되었던 방식으로 구성되지 않았다. 은행가, 외교관, 학자, 화가 등이 자신의 독자적 권리를 지닌 존재로 인식되었다. 위대한 인물이 등장하여 대중의 종교적, 도덕적 전통을 대체하기 시작하였다. 중세에는 비록 마음을 크게 쓰고 동정심을 지니는 아량이 존중되기는 하였지만, 자존감self-confidence은 자만 또는 오만의 죄로 보는 데 이견이 없었다. 르네상스 시기에 들어서면서 자존감은 사회적으로 승인된 덕목이 되었다.

이러한 측면에서 인간의 독자적인 판단과 자신을 이끌어가는 역할에서 인간의 지위를 색다르게 평가하기에 이른다.[4] 중세 시대에는 이처럼 인간에 관한 인식이 정립된 적이 없었지만, 르네상스에 의하여 전통적으로 자리매김했던 인간에 관한 인식이 깨져 버렸다. 이러한 사태는 후에 종교개혁을 이끌게 했던 개인주의를 가져왔다. 중세에 수용했던 세계의 질서가 변혁하였으며, 그 결과 지구는 더 이상 우주의 중심이 아니며 창공에 떠다니는 다른 별과 같이 운행하는 행성에 불과하다는 새로운 우주관이 대두되었다. 이전까지 신학은 과학의 여신이었지만 이제는 더 이상 그렇지 않게 되었다. 이 당시 주요 덕목은 독자적인 판단에 따르는 외로움을 이겨낼 영적이고 지적인 용기였다.[5]

대략 16세기에서 19세기까지 잉글랜드에서 왕이나 여왕을 근접할 수 있는 남녀는 부러움을 사는 집단이었다. 그들은 정중한 예절을 갖추고 있었으며 왕정을 지지하는 입장을 선호하였다. 대외적으로 정중한 예절은 존중되어야 했으며 그것은 곧 조신들 가운데서 지적인 허세를 부리는 것에 불과한지 여부가 군주의 관심사가 되어 버렸다. 이상적으로 조신들이 지적으로 우수하기를 기대하는 것은 불가능하지만, 영지를 소유하고 이를 관할하는 책임을 지닌 귀족의 명령은 그들의 영지에 사는 이들에게 지대한 영향을 미친다. 잉글랜드에서 매우 복잡하지만 중요한 신사의 이상은 나름대로 생겨난 이유와 까닭이 있다. 책임을 다하는 영주로서 귀족이 기사도 정신을 발휘하기에는 버거웠기 때문이다. 만약 신사가 신을 기쁘게 함으로써 사회의 우월적인 지위를 차지한다면 그는 이를 의무로 삼아 행하는 것을 매우 큰 행운으로 여겼다. 이 점이 이후 잉글랜드 교육에 커다란 줄기를 형성하게 된다.

현 세기 소비에트 사회주의 공화국 연방USSR에서는 새로운 종류의 이상으로 개인을 집단의 이익을 위하여 기꺼이 종속시켜야 한다는 생각이 지배적이었다. 마르크스주의에 따르면 평등사회 실현을 위하여 역사는 전반적으로 이 방향으로 진전되며 이는 거스를 수 없는 내적 원동력을 지닌다. 현시점에서 서방세계에서 공산당은 소수 세력이지만, 소련에서는 공산당이 모든 권력과 정책 결정을 독점하고 있다.

집합주의 이상은 러시아의 공산당을 이끌어가는 원리이지만, 공산당 지도자가 실제로 사회를 이끌어가는 지도자이다. 집단 노동자가 자신의 이익을 집단 이익에 종속시키는 것은 충분하지 않지만, 각 개인이 엄격한 자기 수련을 통하여 집단이 위태롭지 않도록 자신의 의무를 게을리하지 않도록 하는 것은 필수적이다. 이를 통하여 우리는 집단주의 이상은 한편으로는 개인의 책무성과 모범을 보이는 일을 요구하며, 다른 한 편으로는 자기 수련을 통하여 동료의 이익을 증진해야 한다는 양면성을 확인할 수 있다.

*　　*　　*　　*

매 시대 드러난 각양각색의 이상을 간략하게 스케치함으로써 나는 교육에서 수용했던 태도, 행동 원리들이 어떻게 잔존하여 세대를 넘어 이어졌으며 어떤 요소와 결합하여 변형되었는가를 검토하고자 하였다. 여기서 오늘날 관점에서 가장 좋은 사례로 삼을 만한 이상적인 인간상을 여러 역사적 사례에서 뽑아낸다는 것은 매우 어려운 일이다. 하지만 잉글랜드 교육에서 지속되고 있는 영향력 있는 현상 하나를 검토해 보는 것은 도움이 될 듯하다. 이렇게 함으로써 우리는 규범이 비록 시간의 흐름에 따라 다소 변하기는 하지만 어떻게 사회적으로 권장되며 우리 사고에 어떤 영향을 주는가를 알 수 있다. 잉글랜드 문화에서 오랫동안 지속되었던 '신사도 정신gentleman ideal'이 발전해 온 과정에서 어떤 특징이 있는가를 살펴보기로 한다.

신사도 정신은 중세 기사도, 르네상스 인문주의 그리고 영국사에서 중산층의 발흥 과정이 복합적으로 작용하여 나온 산물이다. 중세 후기 라틴어 문헌에 실린 잉글랜드 역사에서 용어가 처음 발견된다. 이 용어 자체가 훌륭한 가정과 좋은 사회적 지위를 지닌 사람이 동료들로부터 좋은 평판을 얻으면서 영위하는 삶을 표현하는 '관대한 generous'에서 비롯된다. 초기에는 기사 또는 귀족 계층이 지향하는 덕목을 외부로 드러내기 위하여 문양을 새긴 의상으로 표현하였으나, 그것이 이후 신사를 가리키는 표장으로 정착되었다. 하지만 세월이 흘러 사회 계층이 유동적으로 변하면서 신사 계층은 상업적 성공과 함께 지역 사회에 공헌함으로써 국왕으로부터 인정을 받게 되었고, 신사 표장은 구매할 만큼 사회적 신분을 나타내는 가치를 지니게 되었다. 신사의 사회적 지위를 나타내는 특징 중 하나가 그들은 수공업 노동자와 아무런 상관이 없다는 점이다.

잉글랜드에서는 신사라는 뚜렷한 사회 계층은 존재하지 않았지만, 15세기 초에 이르러 자신의 아버지로부터 영지와 유산을 상속받지 못하는 귀족 자제들은 더 이상 영주도 아니고 경제적 선택권이 없었기 때문에 신분 하락을 막으려고 자기 자신을 법적으로 신사라고 기록하게 된다. 그렇게 함으로써 지위 상속도 못 받은 귀족 자제들은 자작농, 농부, 상인과 자신을 구분하려고 하였다. 현존하는 15세기 초 문헌에 따르면 이러한 과정이 기록되어 있으며, 결국 신사가 새로운 신분상 위계질서를 형성하게 됨을 알 수 있다. 그럼에도 신사 계급은 여전히 기사와 귀족 계급과 관련된 신분이었으며, 다만 이들과 덕목을 공유하면서 사회 전반으로 확산하였다. 신사들은 귀족 간 갈등이 종식되도록 함으로써 군주에게 충성심을 보였고, 튜더 왕조 이래로 안정적 미래를 보장받게 되었다. 로마 교황청으로부터 분리되어 영국 국교회가 설립된 이후 신사 계층은 국왕에 대한 충성심을 보였다. 그 결과 신사는 높이 찬양받는 개인적으로 명예로운 계층이 되었으며, 신사 계층은 여성을 세심하게 배려함으로써 명성을 높이기도 하였다. 신사와 귀족 계층은 같은 신분끼리 결혼하는 경향을 보였으며, 자신보다 아래 계층 사람과 결혼하는 것을 마샬 교수Professor T. H. Marshall는 '자신보다 낮은 신분과 하는 결혼은 똥을 거두어 자신의 농지에 거름을 주는 것'이라고 지적한 바 있다.[6]

신사의 주된 특징은 행동하는 데 있어서 관대하고 외모는 우아한 자태를 지녀야 하되, 그것이 형식적 가식이어서는 안 된다는 점이다. 거주하는 주택도 지위를 나타내는 만큼 복장과 외모도 중요하다고 여겼다. 시간이 지남에 따라 신사는 유럽 각국을 여행하면서 얻은 다양한 지식을 통하여 교양미를 지녀야 하며, 어린 시절에는 전문성을 지닐 수 있도록 신체적 단련이나 스포츠에 관심을 지녀야만 한다. 이러한 특징은 이미 살펴본 중세 기사도 정신과 고대 희랍 정신이 담고 있는 덕목과 유사하다는 점을 알 수 있다. 신사는 동료와 군주에게 헌신할 태세가 된 존재이다. 신사는 이미 근검절약할 필요 없이 충분한 재산을 소유하고 있으므로 별도로 생계를 위한 직업을 가질 필요가 없다.

이제까지 살펴본 바에 따르면 신사들이 교육이나 지적 성취에 관심을 지녔다는 어떤 증거도 없다. 16세기에 이르면 신사도 정신은 태생부터 귀족적인 내용과 연관되어 있다. 하지만 16세기와 17세기에 이르러 상인들과 은행가들이 귀족적인 무리에게 영향을 미치기 시작하였다. 이와 더불어 인문주의가 사회적 지위를 차지한 이들의 교육과 삶의 방식이 영향을 미치게 되었다. 윈체스터 학교를 설립한 위크햄의 윌리엄William of Wykeham은 14세기 말 '행동 방식이 사람을 만든다Manners makyth man'를 좌우명으로 정하였다. 이것은 약 200년이 지난 후 신사의 특징을 설명하는 말이 되어 버렸다.

17세기 초에 이르면 신사의 지위가 이전보다 더욱 유동적이라는 사실을 알 수 있다. 더 이상 혈통이나 무공만이 신사의 유일한 자격이 아니었으며, 신사의 요건을 알 수 있는 유형이 분명하게 정형화되었다. 신사에게 요구되는 자질은 오로지 공손함과 영예뿐이다. 이 점은 고대 희랍에서 절제의 덕목이 부활한 듯 보인다. 극단을 배제한 삶이 존중되었고, 공부해야 한다는 것은 권장 사항이지만 일정하게 정해진 절차가 있지도 않았다. 지적 월등함은 신사의 자질 중 일부이기는 하지만 영예로운 행동과 공손한 기질이 현저한 덕목으로 여겨졌다. 학식 있는 사람보다는 신사와 귀족이 더 우선시되었으며, 일체 현학과 주지주의는 배격되었다. 신사는 예술과 나중에는 과학을 선호하는 후원자였지만 결코 예술가나 과학자는 아니었다.

타인의 견해에 아량을 베푸는 것이 신사의 주된 특징이었지만, 17세기 극단적 청교도들이 스스로 신사도 정신을 추구한다고 자처하면서 이를 공격하였다. 신사들에게 적어도 수용적 자세는 용인하였지만, 광신적 태도는 혐오의 대상이었다. 설사 진실이라도 그것을 직설적으로 내뱉는 것은 문명화되지 못한 야만인의 징표로 여겼다.

신사들의 이러한 행동 규범은 상공업으로 확대되어 갔으며, 그 결과 그것은 많은 사람에게 모든 상행위를 규율하는 원리로 자리 잡았다. 신사들의 규범은 공정의 이념과 공정 거래를 가리키는 상식적 의미의 절제를 표방하였다. 그 규범은 상거래에서 볼 수 있는 천박함과 자기 경시와 결코 무관하며, 자립정신과 성실성에 깊이 관련되어 있다. 앞서 살펴본 중세 수도원의 주된 이념인 금욕주의는 더 이상 16세기와 17세기 상인과 은행가, 그리고 청교도가 아닌 이들에게 용납되지 않았다.

신사 계층과 귀족 계급의 일부 행동 양태가 상인, 은행가를 비롯하여 전문 지식인으로 전파된 결과 계층 간의 뚜렷했던 차이가 희석되었으며, 신사의 특징을 인식할 수 있었지만 누가 신사 계층에 속하는지 구분하는 것은 어려워졌다. 17세기 후반에 이르러 태어나서부터 신사 계층은 아니었던 사회 각양각색 계층에 속한 사람들이 신사의 행동 양태를 공유하게 되었다. 유복하게 사는 이들의 결속에서 신사 계층의 행동 양태를 공유하는 새로운 사회 조류를 인식할 수 있다.[7]

19세기에 이르면 출세 지향적인 장인조차도 자신들이 신사의 덕목을 소지할 수도 있다고 생각하기에 이르렀다. 그것은 18세기와

19세기 전반에 걸쳐 계층에 의한 소속감이 사회 전반에 고루 전파되어 갔기 때문에 가능했다. 19세기 영국 사립학교 교육에 대하여 아놀드Thomas Arnold가 언급하면서 중세 기사도 정신과 16세기와 17세기 신사의 책임감 정신이 보여준 덕목들을 강조한 바 있다. 그는 19세기 잉글랜드의 사회적 맥락을 고려하여 이러한 덕목들을 집대성하였다.[8] 그는 자신이 잉글랜드 사립학교 제도에 정착시켰던 것을 1902년 지방교육청이 설치되면서 설립된 공립 문법학교가 따를 기준으로 삼고자 염두에 두었다.

이것이 기원조차 다른 여러 요인이 복합적으로 담긴 이념이 사회 각계각층에 전파되는 사회적으로 결합하는 대표적인 사례이다. 하지만 그 패턴은 변하고 수정되었으며 세월이 흐름에 따라 새로운 덕목이 첨가되기도 하였다. 20세기 중반인 현재 시점에서도 영국의 신사는 하나의 모범적 정형으로 자리 잡았지만, 그것이 의미하는 바가 무엇인지 정확하게 정의한다는 것은 매우 어렵다. 그럼에도 불구하고 이제까지 엉성하게나마 개술한 신사도가 영국 사회 여러 계층 사람의 도덕적 인식에 영향을 미치게 되었다.

이러한 사실을 통해서, 우리는 현재 우리가 공유한 가치가 역사적인 기원과 전개 과정을 통해 이루어졌으며, 이를테면 '서로 사랑하라' 또는 '하나님처럼 완벽을 기하라' 같은 도덕적 원리가 세월이 흐르면서 변모해 역사적으로 해석할 수밖에 없다는 점을 확인할 수 있다. 예를 들어, '서로 사랑하라'는 종교적 교훈을 신봉하는 기독교도는 어떤 형태의 전쟁도 원천적으로 이 원리에 어긋난다고 생각한다는 점을 들 수 있다. 그러나 십자군 시절에 기독교도들은 이 교훈을 기독교에 대한 복종으로 여겨 자신의 신앙을 공유하지 않는 이들과 전쟁을 벌여야 한다고 생각하였다.

우리는 우리가 공유하는 가치들을 명료화하고, 우리가 견지해야 할 교육목적과 이념을 분석할 역량을 갖추도록 노력해야만 한다. 사실관계 분석에만 몰두한다고 해서 그것이 우리가 가치 판단을 하는 데 필요한 답을 준다고 기대할 수 없기 때문이다. 미국의 한 교육과정 연구팀은 여러 학교에서 실행되는 5만 종의 교육과정을 수집한 바 있다. 그러나 그러한 작업만으로는 산술적 평균치를 얻어내는 것 외에 우리가 무엇을 가르쳐야 하는가에 대한 어떤 지침을 얻을 수 없다.

오늘날 교육에서 이 제도가 맞다, 이 이론이 맞다, 이 정책이 옳다고 단정할 수 없다. 우리는 이를 뒷받침할 옳고 그름의 근거를 마련해야 하며, 그렇게 하려면 교육목적이 어떤 역사적 가치를 지니는지와 어떤 교육적 결과를 도출해내는지 그 근거를 따져야만 한다. 우리는 명시적으로나 묵시적으로 실행한 모든 교육적 결과를 일일이 따져볼 수 없지만, 가능하다면 그중에서 타당하다고 여겨지는 것들을 자유롭게 선정하여 그것을 면밀하게 검토할 수 있어야 한다.

민주사회에서는 교육목적의 유동성은 종교, 사회 계층, 국적, 직업, 심지어 인종이 공존하는 사회에서 다양한 집단이 추구하는 이익을 고려할 때 요구되는 전제조건이다. 만약 문화의 다양한 요소가 혼합되고 융합할 수 없다면 오늘날 영국에서 누리는 민주주의 형태는 상상할 수 없을 것이다. 이 장에서 소개한 바람직한 인간상이 여럿일진대 여러 인성을 수용하는 관용 정신이 있었기 때문에 민주주의가 가능한 것이다. 두 가지 다른 관점이 상충할 때 타협점을 찾고자 했는가 하는 점은 영국적 사고방식을 대표하는 특징이다. 교육에서도 절대적인 것을 주장하는 것은 우리의 급변하는 사회에서 회피해야 할 맹신에 빠지게 한다.

그렇지만, 모든 것을 초월하여 용인되는 거시적인 가치와 목적이 존재한다. 그래서 이를 현실로 실행할 수 있도록 매개하는 중간적 가치와 목적이 있다. 예를 들어, 예수의 제자들은 새로운 복음을 전도하기 위하여 생존하기를 바랐으며, 그것은 수 세기에 걸친 초기 기독교 교회 설립으로 이어졌다. 이를 위하여 예수의 일대 제자들과 그들의 종교 계승자들은 삶의 고비마다 자신들의 생계를 유지하고 심지어 목숨을 부지하기 위한 세속적 판단을 내려야만 했다. 하지만 세월이 흐름에 따라 이들의 후예는 자신의 생존을 위하여 세속적 조치로 연명하는 다른 무리의 특징을 그대로 답습하였다. 여기서 우리는 새로운 세대가 공감할 수밖에 없는 공통의 지식과 목적, 단합과 결속이 있음을 확인할 수 있다. 시간이 경과하면서 집단이 공유하는 일반화된 경향을 띠는 이런 특징을 우리가 전통이라고 부르게 된다. 전통과 더불어 한 집단의 활동이나 영향력이 커지면, 그것은 집단의 지식과 기술의 효능을 증가시키는 수단이 된다. 직업에 요구되는 기능이 향상되면서 노동 분화가 이루어지고 사회적 효능이 다시 증가한다. 이와 함께 집단 내 이익 갈등은 커지게 마련이고 사람 간에 반목이 증가하여 집단이 해체되는 요인으로 작동하기도 한다. 여기서 미래를 향해 돌진하는 집단적 의식에 대하여 시간을 거슬러 회귀하려는 움직임이 개인적으로 겪는 이상의 집단적 형태로 감지되는데, 이것이 사회의 안정적 요소이다.

오랜 역사를 통하여 걸러져서 살아남아 오늘날 수용할 만한 지배적인 교육목적은 어떤 특징을 지니는가? 이와 함께 우리 미래를 이끌 수 있는 누구나 공감할 목적은 무엇인가? 첫째, 개인들의 각기 다른 소망이 그 집단 안에서 공정하게 대접받을 수 있도록 전제주의적 사회구조가 아닌 민주적 질서를 지향하는 데 우선순위를 두어야 한다. 둘째, 첫 번째에서 비롯된 것으로, 격차 해소를 위한 시도로서 전쟁과 폭력을 막아줄 국제협력 기구를 설립해야 한다. 이와 같은 거시적인 시대적 사명을 대다수 사람이 결속하여 수용한다면, 이를 실행하는 다음 단계의 가치와 목적을 설정하는 데 무리가 없을 것이다. 민주사회에서 기본 덕목은 곧 협력의 정신, 책임 공유 의식 그리고 다른 가치를 용인하는 관용 정신이어야 한다. 여기서 관용 정신은 두 가지 형태가 있다. 하나는 이제까지 수용하지 못했던 관점을 받아들이려는 의지이고, 다른 하나는 상대방의 관점을 이해하는 데 차이가 있음을 인정하고 거기에 깊이 공감하려는 의지이다. 이러한 관대한 태도는 인간 존엄성과 자유의 정신을 높이며 더욱 폭넓은 정보와 소통을 가능하게 한다. 한편, 이러한 전제를 받아들인다 해도 결코 합의에 이르기 어려운 가치가 존재한다. 예를 들어서 재산권을 놓고 보자. 누군가 자신의 재산권을 자유롭게 행사하여 재산을 아무런 제약 없이 처분할 경우, 이러한 재산권에 따르는 공적 책임은 없는가, 아니면 사적 재산을 공적으로 통제할 수 없는가 하는 문제다. 물론 이에 관하여 애덤 스미스에서 마르크스로 이어지는 논쟁이 있어 왔다. 민주적 가치는 경쟁, 경쟁자, 개인차 등에 대한 태도 변화와 함께 상승만을 추구하는 계층 인식 등에 태도 변화를 요구한다.

국제협력 분야에서 보면, 세계정부의 통제에 대항하는 신생 국가의 강력한 국가주의에 직면한다. 심지어 거대하게 뭉친 권력도 이해관계에 따라 분할된다. 이해 갈등을 해소하는 중립적 방안은 기본적인 생존이 가능한 정책을 수립하고 전쟁과 무력 사용을 피할 방안을 마련하는 것이고, 미시적으로는 이러한 국제협력이 방해받지 않고 실행되도록 상호 차이를 인정하는 일이다. 사실 여기서 확인한 내용은 거시적 안목에서 제시한 유연한 지침에 불과하기 때문에 실행 과정에서 나타나는 문제들을 단계별로 해결해 나가야 한다.

목적을 갖는다는 것은 가치를 선택한다는 것이며 그 선택을 추진하는 것이다. 이는 교육과 정책에도 그대로 적용할 수 있다. 내가 이제까지 보여준 거시적 목적은 역사적 맥락에 따라서 형성된 것이다. 지식이건 바람직한 인격 형성이건, 교육을 통해서 이루고자 하는 것은 중세 잉글랜드에서 이루고자 한 것과는 확실하게 다르다. 역사상 어느 시대이건 정합적인 가치 체제를 이루기 위해서는 여러 대안적 가치 중에서 엄선하여 선택하는 길밖에 없다.[9]

제5장
개인주의와 교육의 사회학적 접근

많은 사람이 역사의 동력, 가치의 근원 그리고 사건을 주도하는 주체는 개인이라고 생각한다. 개인의 기여가 없다면, 사회는 기계적 조직에 불과하며 그 결과 모든 사회 계획은 개인의 손에 달려 있다.

넌 경Sir Percy Nunn은 교육에서 이러한 관점을 다음과 같이 나타낸 바 있다.

> 그러면, 교육은 나와 남을 포함하는 각 개인의 가치를 강화하는 것 말고 무엇을 해야 하는가? 개인의 삶을 존중하도록 가르친다는 것은 개인적 소유를 가리키는 것이 아니라 세상으로 진입하게 하는 진정한 가치를 획득하도록 하는 것이다.[1]

물론 개개인의 개성을 개발하도록 돕는 것이 잘못은 아니지만, 이를 주변 여건과 동떨어져서 말하는 것은 개인의 가치를 공허하게 할 뿐이다. 넌 경의 주장을 제대로 파악해 보면, 그의 책 대부분은 위 인용문이 강조하는 바보다는 사회적 맥락을 심층적으로 다루고 있다. 그러나 클락 경이 이에 대하여 넌 경의 말은 사회를 백안시하려는 의사표시라고 평한 바 있다. 그 결과 넌 경의 언급은 그가 주장하려는 의도와는 달리 우리를 둘러싼 사회가 우리의 잠재 가능성을 추켜세우기도 하고 제한하기도 한다는 사실을 충분하게 인식하지 못하게 한 듯하다.

개인주의에 대한 반대편 극단은 가장 중요한 발전 요인은 국가 또는 사회이며 이러한 성장을 통제하는 내적인 힘을 파헤쳐야 한다고 믿는 이들에게서 찾을 수 있다. 이는 추상적인 실체가 아닌 역사적으로 누적된 집합의 부분인 사회적 존재로서 구체적인 개인이 참여할 사회적 역사적 과정이 이미 결정되어 있다는 뜻이다. 이 견해는 물론 마르크스주의자들이 견지하는 특성이며, 이들에 따르면 교육목적은 모든 이들이 역사의 진전 과정에서 자신의 위치, 역할과 기대치를 찾도록 돕는 일에 맞춰져야 한다.

이러한 아이디어는 19세기 초 헤겔 사상에서도 찾을 수 있다. 헤겔은 국가는 단순하지만 건잡을 수 없는 요소를 지닌 개인을 초월하는 실체라고 하였다. 그 실체를 어떻게 측정한다고 해도 국가는 사적 의지와 양심을 지닌 개인의 영혼이 비롯되는 아주 오래된 영적 삶이다. 이러한 견해는 클락 경이 비판한 넌 경의 관점처럼 사회를 백안시하는 견해가 아니다. 헤겔은 개인적 이상은 사람이 살아왔던 역사적 맥락에서 비롯되는 것이며, 당시에 우세했던 활동과 잠재력의 영역이 무엇인지 세대마다 달리 한정해 준다고 하였다. 그럼에도 불구하고 이러한 관점은 매우 융통성이 없는 측면이 있다. 왜냐하면 국가의 진보는 이미 예정되어 있어서 다른 대안이 끼어들 여지가 없기 때문이다. 이러한 엄격성은 전체주의적 양상을 드러내게 된다. 여기서 역사적 상황은 인성이 성장하고 발전하는 장이 아니라 인성의 틀을 형성하도록 제약하는 틀이다.

그 결과 두 상반된 관점의 각각은 일방적인 특성을 가졌다고 볼 수 있다. 개인주의자들은 교육을 자신만의 독특한 목적을 지닌 개인간 상호작용의 결과로 간주한다. 여기서 넌 경은 개인주의의 위험성을 지적하고자 했음을 밝히는 편이 공정할 것이다. 교육의 영향은 개인에게 미치고 교육의 결과는 개인에게 득이 되어야 한다. 교육은 한 개인이 획득하는 지식과 태도의 변화에 집중되므로, 교육이 성공적인가는 전적으로 이에 달린 문제다. 반면에 집합주의자는 사회 안에 일어나는 진보와 변화에 초점을 맞춘다. 집합주의자는 개인을 주된 탐구 대상으로 삼지 않는다. 사회에서 일어나는 일만이 그의 관심사이므로, 교육은 사회가 원하는 것을 새로운 세대에게 훈련하여 시민이 되도록 하는 집합적 도구에 불과하다. 각 개인이 조망하는 가능성은 무시된다.

두 관점이 내가 진술한 양극단에 삭막하게 존재하지는 않는다. 하지만 둘의 내적 성향은 내가 지적한 것처럼 극단적이다. 두 가지에서 가치 있는 요인을 통합해 낼 제3의 길이 있다. 이러한 통합적 방식에 따르면, 개인은 추상화된 고립체가 아니라 특정 시점의 역사적 실체로서 사회 속에서 성장하는 사회적 자아이다. 개인의 잠재 가능성은 그것이 자신과 사회를 만족시킬 만한 가치가 있다고 여길 때 재능으로 고려된다. 독자적 개인과 사회적 협응 주체가 함께 공헌할 때 그 개인은 창의적이다. 사회는 개인이 삶을 영위하게 하는 기계적 작동 기구가 아니다. 사회는 개인의 삶 대부분을 한올 한올 엮어주는 무엇이라고 해야 한다.

이러한 관점에서 비롯된 교육적 결론은 개인은 자신이 속한 공동체에 대한 책임을 인식하고 자신의 재능을 공동체에 공헌할 수 있는 개인의 차별화된 역량을 인정하고 의존해야 진보 사회라는 사실이다. 그 결과 각 개인의 자발성과 개인이 성장하는 사회환경의 중요성이 똑같이 존중되어야 한다. 우리는 이것을 일러 민주적 질서라고 할 수 있으며, 그런 사회가 개인의 선택을 최대한 존중하면서 동시에 이를 통제할 규율을 유연하게 인정할 필요가 있다. 듀이는 이에 대하여 다음과 같이 언급한 바 있다.

> [하지만] 사회는 새로운 자원을 임의대로 처분할 수 있어서 발전할 수 있다면, 개인의 자유를 적극적으로 고려하면서도 사회적 이익에 비추어 소극적으로 한정한다는 것은 어색한 일이다. 사회 모든 구성원이 자신의 역량에 맞게 기능하는 경우

에만 사회는 견고하며, 영향력 있고, 안정되어 있다.[2]

우리가 처한 사회적 상황이 지닌 힘을 인정하는 만큼, 우리가 갖고 있는 인간의 개념도 수정해야 한다. 선천적 또는 유전적 능력에 따라 형성되었다고 여겨졌던 인간 행동의 대부분은 학습의 결과이며 인간과 자신을 둘러싼 환경의 상호작용임이 밝혀졌다. 하지만 인간의 독창성, 자아, 개성조차도 이러한 상호작용에 따라 형성되고 발달하는 것이다. 인간의 고차원적 학습, 즉 추상적 사고능력은 영아기의 가장 단순한 인지과정이 정교화된 것이라고 보기도 하지만, 사실은 영아가 유아로 성장하고, 유아가 성인으로 성장함에 따라 학습하는 방법이 각기 달라지기 때문에 가능하다.

그러므로 우리는 인성이 어떻게 성장하는가에 관한 생각을 보다 분명하게 할 필요가 있으며 이를 토대로 교육적 사고를 진전시켜야 한다. 이젠 더 이상 선천적 본유관념이나 유전에 의한 인성 형성을 신성불가침의 견해로 볼 필요가 없다. 우리가 비록 칸트가 주장한 것처럼[3] 인간을 창의적인 도덕적 존재로 보고 목적 그 자체로 존중해야 한다고 해도, 인간이 태어나면서 얻는 지위, 부모, 시대상, 국적과 역사적 맥락 등을 고려했을 때 선천적으로 이어받은 자질과 자신을 둘러싼 환경이 성격 형성에 모두 공헌한다는 점을 균형 있게 고려할 수 있다.

* * * *

이로써 교육목적과 관련된 사회학적 문제를 이론적으로 탐색한 제1부를 맺는다. 이제까지 교육의 협의적 정의와 광의적 정의를 살펴보았으며, 인간은 자신이 받아온 가르침을 토대로 하여 형성된 인격을 구성하는 가치관을 통해 성장한다. 이와 마찬가지로 개인이 속한 사회는 그가 당면하고 해결해야 할 여러 현안 과제를 안고 있다.

이러한 당면한 문제들은 인간 본성에 주어진 힘을 이용하여 다룰 수도 있지만 다른 사회 구성원과 함께 해결해야만 할 전형적인 문제들이다. 교육의 장기적인 목적은 인간이 더 높은 차원의 행동을 도모하는 가이드라인이 되는 가치를 장기적으로 선택할 수 있도록 설정되어야 한다.

사회학과 교육의 관계를 고려하는 데 있어서 우리가 가장 먼저 착수해야 할 과제는 심리학적 문제를 다루는 일이다.

제2부
심리학적 문제

제6장
인간 본성의 유연성과 사회적 조건화

개미와 벌도 우리가 아는 사회를 형성하고 심지어 노동 분화를 이루어 명백한 기능상 차별을 하는 국가를 가지고 있다. 그러나 그들은 동일한 사회적 패턴만을 세대에 걸쳐 재생산할 뿐이어서, 우리 인간과 달리 역사가 없다. 그들은 우리가 본능이라고 부르는 선천적 행동 패턴에 따라 자신을 상황에 적응시킬 뿐이다. 반면에 우리 인간은 개미와 벌이 정해진 행동 패턴에 적응하는 고정된 행동 양식만을 물려주지 않는다. 갓 태어난 인간 영아는 매우 간단하고 단순한 욕구를 충족시키면서 삶을 시작한다. 하지만 개미와 벌이 지닌 간단하고 단순한 욕구에 그치지 않고 영아는 자라면서 보다 폭넓은 행동 패턴을 습득할 수밖에 없는 자질을 부여받았으며 하등동물을 뛰어넘는 유연성을 발휘한다. 존슨 박사Dr. Johnson는 이를 염두에 두고 성직자 한 사람을 만드는 데 23년이 걸리지만 닭 한 마리 부화에 몇 분이면 충분하다고 한 바 있다. 닭은 본능적 정신 능력만을 유전적으로 물려받으며 수행해야 할 과업도 몇 가지 정해져 있어서 많은 양의 학습을 요구하지도 않는다. 반면에 인간은 아주 기초적인 본능만을 지닌 가련한 상태로 태어나지만 오랜 기간 훈련과 교육을 받아서 중요한 행동 패턴을 습득하게 된다.

이러한 차이에도 불구하고, 인간과 하등동물은 변화하는 환경에 적응하면서 자기에게 맞는 행동 패턴을 습득한다는 점에서 같다. 하지만 인간은 유연하게 적응하기 때문에 다양한 경험과 학습을 할 수 있다. 인간은 자신이 성장하는 사회를 통해서 어떻게 반응해야 하는지를 제도적 측면에서 알게 된다. 여기서 제도적 측면이란 인간의 행동이 용납되는지 여부를 가르는 준거와 규칙을 뜻하며, 이는 결혼, 가정, 학교와 같은 제도를 통하여 역사적으로 축적되어 온 전통에 따라 정형화된다.

인간은 세대를 이어가면서 삶을 개선할 수 있는 적응 방식을 전수함으로써 진보의 역사를 가질 수 있었다. 인간이 진보하는 역사를 가지게 된 것은 하등동물의 학습과는 달리 학습 매체를 잘 다룰 수 있었기 때문이다. 인간은 생식 세포라는 생물학적 매체를 통하여 체격, 활성도, 생존 능력을 유전적으로 물려받지만, 문화 내용은 이러한 방식으로 물려받을 수 없다. 인간이 생존하면서 획득하는 지식과 기능은 생물학적 유전으로 전수되지 않는다. 예를 들어 타자 치는 능력을 배웠다고 해서 그 기능이 자손에게 유전되는 것은 아니다. 자손들은 그 기능을 일일이 배워야 하며, 그러한 학습은 그들이 능동적으로 그 기능을 습득하고자 하기 때문에 가능하다. 즉 한 세대가 이룬 학습의 성과는 그대로 전달되어 다음 세대가 수동적으로 이어받을 수 없다.[1] 효과적인 학습이 가능한 것은 인간이 처한 환경을 통하여 아이디어, 습관, 기능을 자신의 필요에 따라 새로운 행동 패턴으로 재조직하면서 이루어진다.

하등동물에 비교하여 획기적인 성과를 내는 인간의 학습 과정은, 마치 아이가 나이를 먹어가면서 학습이 현저하게 증가하듯이, 세대를 거치면서 더욱 갱신된다. 이런 근거에서 인종 이론이 틀렸다고 입증되었다. 인종 이론은 문화도 생식 요인을 통하여 인종별로 유전되거나 전수된다고 주장하지만, 실상에 따르면 문화는 개인이 살아가면서 획득하는 것이며 언어, 습관, 전통과 모방을 통하여 세대를 이어 전해진다. 무엇보다도 인간이 지닌 가장 독특한 자질은 유전으로 물려받은 생물학적 잠재력을 문화적 패턴으로 변형하는 능력이다. 이는 반대로 인간의 사회제도와 개인적 삶이 급격하게 파괴될 때마다 인간이 하등동물처럼 본능에 따라 적나라하게 퇴행한다는 사실을 설명해 준다. 이는 전쟁, 기아, 빈곤을 감내해야 하는 사람들의 삶에서 확인할 수 있다. 이점에 비추어 인간의 생물학적 구성은 원시 조상과 다를 바 없다고 보는 것이 타당하다. 하지만 사회적 유산을 갖는다는 점에서 인간은 다른 동물과 비교할 수 없다.

본능과 습관

일상 언어에서 '습관'과 '본능'이라는 말을 상호교환할 수 있는 것처럼 사용한다. 사람들은 소유 본능, 범죄 본능이라고 표현하지만, 이 말은 생득적이 아니고 생후 획득되는 습관에 해당한다.

우리는 경험과 학습을 기반으로 하여 습관을 형성한다. 대부분의 습관은 복합적이지만 단순한 본능적인 성향에서 형성된다. 마치 이는 무의식적으로 습관이 되어 버린 복잡한 행동이 사실은 갓난아이의 무의미한 동작에서 뿌리를 둔 것과 유사하다. 갓난아이가 단순하게 손을 내젓고 손가락을 아무렇지 않게 움직이는 것을 떠올리면 내가 말하고자 하는 뜻을 알 수 있을 것이다. 몇 해 지나 이 아이가 피아노를 치고 복잡한 동작을 구사하는 것은 이전에 아무렇지 않게 손을 내저은 동작의 연속이다. 반복과 학습을 통하여 아이는 새로운 습관 체제를 발달시킨다. 아이가 배운 기능이 발달함에 따라 습관 체제는 더욱 자율적으로 되며, 갓 태어나 아무렇지 않게 내저은 동작처럼 의식하지 않아도 된다. 하지만 아이가 그릇된 피아노 치는 습관을 지녔다고 여기는 교사를 만난 경우 그 아이는 자신이 해왔던 행동을 파기하고 어느 부분이 잘못되었는가를 다시 살펴보면서 새로운 방식을 모색해 갈 것이다. 어느 정도 수준에 도달한 피아니스트에게 이러한 작업은 매우 곤란하고 하기 꺼리는 일이어서 상당히 감정적인 저항감이 있을 것이다. 습관이 지닌 특성 중 하나는 동작이 자동 반사적으로 바뀌어서 더 이상 그것을 의식할 필요가 없다는 점이다. 그렇게 되면 마음속 의식적인 부분은 새롭게 다루어야 할 문제에 자유롭게 대처할 수 있게 된다.

물론 습관은 신체 동작과 단순 반응 수준에서 형성되기도 하지만 보다 높은 수준에서도 형성된다. 예를 들어서 우리는 어려서부터 식사, 취침 및 배변에 관한 여러 가지 상황에 따른 상이한 행동 규칙을 배운다. 우리가 예의라고 일컫는 것은 관습적으로 반응하는 일련의 행동 습관을 뜻한다. 궁극적으로 부끄러움, 과감함, 탐욕스러움, 여러 형태의 두려움과 같은 정신적 습관은 포크를 사용하는 습관처럼 우리 삶 전반에 걸쳐 조건화되면서 획득한 것이다. 다만 포크 사용 습관에 따른 조건화가 정신적 습관의 경우보다 단순할 뿐이다.

습관은 노력의 수고를 덜어줌으로써 매 순간 새롭게 반응하도록 고민할 필요 없을 만큼 정신적 에너지를 절약하게 해 주지만, 상황이 변하면 완고하게 자리 잡은 습관만큼 해로운 것도 없다는 점을 염두에 두어야 한다. 왜냐하면 습관은 완고하게 자리 잡은 만큼 새로운 상황에 대처할 변화에 익숙하지 않기 때문이다. 많은 것이 급격히 변하는 요즈음 같은 시대에 습관을 표방한 타성적인 기계론을 견지해야 하는가는 숙고할 필요가 있다. 이에 대하여 듀이는 다음과 같이 언급하였다. '정작 필요한 것은 더 많은 지력, 더욱 예민한 통찰력, 식견 있는 예지력, 사태를 정확하게 파악할 능력을 갖춘 습관이라는 점이다. 현재 우리가 익숙한 타성이 아니라 더욱 방향감과 진지함을 갖추면서 유연한 반응하는 능력이 요구된다는 점이다.'[2]

파블로프와 그의 후계자들이 낸 연구는 개 실험을 통해 밝힌 조건화된 반응으로 많은 것을 철두철미하게 설명하려 한다. 이 연구에서 빠뜨릴 수 없는 것이 바로 연합의 원리이다. 조건화된다는 것은 곧 원래 자극에 본능적으로 반응함으로써 대체되는 또 다른 대상 또는 자극을 연합하는 것을 가리킨다. 종소리, 원형 물체, 타원형 물체 등은 개가 여러 경험과 반응을 내게 할 자극과 연합하도록 하는 수단이다. 그러므로 우리는 선천적인 본능적 자질에다 연합의 원리를 더하면 이해의 영역을 확장할 수 있다.

헐Clark L. Hull은 학습에 네 가지 기본 요소가 있다고 하였다. 첫 번째가 선천적이거나 후천적으로 형성된 강한 행동 충동인 욕구drive이다. 많은 이가 인식하는 본능에 가깝다. 두 번째가 자극에 해당하는 단서cue이며, 이에 학습자가 대응하는 반응response이 세 번째이다. 예를 들어서 호루라기 소리는 작업자가 작업 도구를 내려놓고 점심 먹으라는 신호 또는 단서이다. 국가 제창은 학식 있는 행동의 단서이자 반응이다. 마지막으로 욕구 자체가 충족되었거나 해소되었는가를 표시하는 보상reward이 네 번째이다.[3]

본능과 습관이라는 개념이 역동적으로 혼합되어 나타난 사례는 인종적 편견에서 찾을 수 있다. 흑백 아이들은 서로 잘 어울려 놀지만, 상호 회피는 어른들이 조장한다. 시간이 흐르면서 다른 피부색을 가진 사람에 대한 적개심이 이어지면, 아이들이 의식하지 않은 상태에서 편견을 지니는 것을 당연하게 여기지만, 그 편견의 출처도 모른 채 그것이 마치 태생적으로 주어진 것처럼 의식 안에 깊이 뿌리 박히게 된다. 여기서 우리는 사회생활의 여러 측면, 이를테면 사회제도가 작동하여 그것이 마치 태생적으로 주어진 것처럼 착각할 만큼 강력한 심리적 결과를 낳는다. 강력하고 영속적으로 생각을 주입하는 방법 가운데 하나는 인종적 편견을 마치 태생적인 생각으로 여기는 심리적 결정론을 수용하는 것이다.

우리는 조건화의 실체를 인식하려는 교육적인 노력을 기울여야 한다. 조건화는 사회적 성격을 지니고 있어서 잉글랜드, 나치, 공산주의, 부르주아 등과 같은 사회 집단의 본질에 따라 일어난다. 마찬가지로 좋은 태도, 사유재산 존중, 도덕적 행동을 구성하는 요인들도 사회적으로 깊이 뿌리 박힌 개념들에서 비롯된다. 사회인류학과 사회학 연구는 이러한 문제를 결정하는 기준이 국가마다 다를 뿐 아니라 한 국가 안에서도 하위 사회 집단에 따라 다르다는 사실을 홍미롭게 보여주고 있다. 인간의 기본적 행동들이 초기 아동기에 형성되며 성인기 행동은 이를 기초로 형성되기 때문에 올바른 습관 형성 또는 심지어 바람직한 습관 형성은 올바른 생각을 형성하는 일에 앞서 교육을 차지하는 중요한 부분이다. 물론 나는 이 말을 통해서 고도의 지력 능력 양성을 평가절하하려는 것은 아니지만, 인간의 기본 가치는 초기 아동기에 형성되므로 매우 중요하다는 점을 천명하고자 하는 것이다. 우리는 아이가 훌륭한 사람이 되려면 지녀야 할 올바른 습관이 어떤 것인가를 결정해야 한다. 이 문제는 부분적으로는 철학의 과제이지만, 부분적으로는 심리학과 사회학의 과제이기도 하다. 물론 '올바른' 습관은 아이만의 문제가 아니라 어른들에게도 해당하는 중요한 문제다.

반사 작용의 조건화와 함께 파블로프는 탈조건화deconditioning와 재조건화reconditioning를 주장하였다.[4] 비록 사회적 훈련이 인간의 타고난 본성에 방향감을 불어주기는 하지만, 성인에게 동기를 부여하는 기본적이고 보편적인 욕구가 있다는 점을 인식할 필요가 있다. 이 문제를 다루는 데 있어서 역동 심리학과 행동주의 심리학이 각각 강조하는 점이 크게 다르다. 정신분석학을 역동 심리학의 사례로 삼는다면 우리는 이 차이를 매우 면밀하게 검토할 수 있다. 물론 정신분석학이나 행동주의 심리학 안에서도 세심한 부분에서 다양한 의견이 분분하지만, 양자 간의 공통적인 면만을 파헤쳐 볼 수 있다.

정신분석학에 따르면 모든 인간에게 두 가지 기본적인 욕구가 있다. 하나는 자기주장 또는 공격적 추동력이고, 다른 하나는 성적 또는 사회적 추동력이다. 이 추동력은 마치 선천적 성향처럼 작동하며 그 표현 수단을 찾아내어 만족감을 얻어내려고 한다. 기본 욕구가 억압당하면 이를 제어할 에너지를 효율적으로 사용하기 때문에 욕구는 에너지를 포함한다는 점에서 추동력 개념은 매우 역동적이다. 달리 말하자면 어떤 환경에 처하여 스스로 드러낼 기회를 갖게 하는 욕구가 제공하는 선도적인 요인이 있다는 뜻이다.

행동주의에 따르면 공포, 분노, 기쁨이라는 세 가지 기본적인 생득적 감정 패턴이 있다. 이 세 가지 감정을 토대로 한 경험과 그 경험이 표출된 조건들에 의하여 인간의 마음이 형성된다. 얼핏 보면 이 점은 정신분석학과 별반 차이가 없어 보이며, 역시 역동적인 측면도 있다. 하지만 가장 큰 차이는 학습을 해석하는 데서 찾을 수 있다. 행동주의는 학습이 누적되는 경향에 따라 일어나며 연합의 원리를 적용하여 통제될 수 있다고 본다. 공포, 분노, 기쁨을 유아기부터 경험하는 감정 상태로서 수용한다면, 학습 조건을 작동시킨 결과로 세 감정 중 일부가 발동하여 아이가 찾아낸 상황과 연합한다고 본다. 다음과 같은 주장이 있다.

> 부분은 전체를 만들어내는 실체로 생각해야 할 것이다. 집은 벽돌과 목재와 회반죽으로 만들어지는 것처럼, 전체는 그것을 구성하는 부분으로 인식되어야 하며, 그 이상도 그 이하도 아니다. 대안적으로 전체가 부분이 조직된 단일한 패턴으로 여겨질 수도 있으나, 이 경우에 전체는 부분을 능가하거나 부분들의 합으로 설명할 수 없는 속성으로 설명해야 한다. 그렇게 보면 집은 집을 구성하는 자재들 이상으로 '보태어지는 것'으로 설명해야 하는 건축학적 단일체를 지녀야 한다.[5]

별도의 부분들로 구성되는 전체를 이렇게 대안적으로 생각하면, 그것은 대상이 완성되었을 경우 보태야 하는 무엇을 고려하거나, 아예 전체를 구성하는 부분들의 존재를 인정하지 않고 전체를 완성된 실체로 보는 것이다. 이 점이 바로 정신분석학과 연합주의 심리학 사이의 중요한 차이를 설명한다. 연합주의 심리학에 따르면 복잡한 습관은 단순한 습관이 정교해지거나 조건화된 반응이나 새로운 결속을 통하여 결합하여 생긴다. 여기서 조건화된 반응은 분노, 공포, 기쁨이 여러 경험에 따라 야기되는 감정의 조건화 강도에 따라 이루어진다. 물론 이 경우에도 이전의 긍정적으로 형성된 감정에 대하여 공포 감정이 소환되거나 새로운 연합에 의하여 긍정적인 감정이 다시 형성되는 것처럼 탈조건화와 재조건화가 가능하다.

초기 극단적 행동주의자로 가장 잘 알려진 왓슨Watson, J. B.은 아이들이 쥐와 같은 동물에 반응하는 방식이 훗날 동물을 혐오하는 반응으로 이어진다고 설명한다. 그는 토끼를 좋아하는 아이들도 토끼가 갑자기 나타나 깜짝 놀란 경우에 토끼를 싫어하게 된 사례를 많이 인용하였다. 이처럼 아이들의 토끼에 대한 감정은 이후에 새로운 조건화 절차를 거치면서 다시 설정될 수 있다. 행동주의 심리학은 19세기 물리학에서 빌려온 원자론의 형식에 따라 부분을 통해 전체를 설명할 수 있다는 관점으로 비판을 받는다.[6]

반면에 정신분석학은 아이가 당면한 상황 전반에 대하여 공격적이거나 친숙하게 반응할 태세를 이미 갖추고 있다는 점을 강조한다. 아이들이 경험하는 공포, 분노, 기쁨은 주어진 자극에 대하여 반응하는 조건화된 개별 감정이 아니라, 아이가 처한 상황 전반에 반응하는 일부분이다. 뒤에 살펴보겠지만, 정신분석학은 학습 과정 자체보다는 자신들이 리비도libido라고 부르는 실체를 다양한 물체와 사람에게 전이하는 과정에 관심을 기울인다. 하지만 사람 전체의 반응이라는 정신분석학의 관점을 받아들인다면, 그것은 곧 게슈탈트 심리학의 관점과 연결되는 것이어서 상호보완적인 측면을 찾을 수 있게 한다.

게슈탈트 심리학은 갓난아이에게도 경험의 총체성이 있음을 강조한다. 게슈탈트 심리학은 아이들의 학습 방법에 관심을 가지기 때문에 행동주의 심리학에서 말하는 행동이 학습과 상호 구분이 되지 않는 측면이 있다. 전체는 부분의 합 이상이라는 관점은 게슈탈트 심리학이 모든 것을 설명하는 관점으로 이해된다. 이를 예증하는 대표적인 사례로 멜로디는 멜로디를 구성하는 음색과 음정 이상이라는 데서 찾을 수 있다. 멜로디는 악상들의 내적 관계와 연속성을 통해 이루어지며, 이러한 관계는 개별 음표가 구성하는 멜로디의 구성 요소들을 합쳐놓은 이상이다. 이러한 음악 주제는 다른 조로 옮겨질 수 있지만 그 기본 구조는 그대로 유지된다. 이런 방식으로 한 번 배운 자질은 새로운 문제를 해결하는 데도 사용될 수도 있다. 실제로 문제 해결력이라는 사안을 놓고 보면 행동주의와 게슈탈트 심리학 간의 차이를 평가하기는 곤란한 측면이 있다.

우리가 새로운 상황에 직면하면, 게슈탈트 심리학은 우리가 이미 알고 있는 것과 전혀 모르는 새로운 상황을 연결해 주도록 경험적으로 많은 상황이 마음속에 한꺼번에 엮여 있다고 주장한다. 하지만 우리는 우리가 이미 알고 있는 것을 토대로 해서 전혀 모르는 것을 해결해 나갈 수 없다. 거꾸로 비추어 보아도, 새로운 상황은 과거 지식에 담긴 관련 경험을 전혀 자극하지 못하므로 행동주의 심리학은 우연적인 것으로 해석할 수밖에 없다. 상당한 지식을 지닌 인간으로서 우리는 게슈탈트 심리학에서 명명한 폐쇄 법칙closure을 적용하여 새로운 경험을 우리가 이미 알고 있거나 알고 있다고 여겨지는 것을 통하여 이해하려고 노력한다. 부분은 누적적 방식에 따라 전체에 보태지는 것이 아니다. 폐쇄 법칙을 통하여 전체를 직관으로 경험할 수 있으며, 이후에 면밀하게 검토하면서 부분들을 떼어내서 인식할 수 있다. 결국 게슈탈트 심리학은 연합주의 심리학의 절차를 뒤집은 것이다. 우리는 이 문제를 다음 장에서 학습을 다룰 때 면밀하게 검토하기로 한다.

역동 심리학에 따르면, 심리적 에너지는 감정으로, 인식으로, 그리고 행동이나 행동 성향으로 표출된다. 이 기본적인 생각은 맥두걸McDougall, 프로이트Freud 그리고 버트Burt에 의하여 각기 다른 방식으로 나타난다.[8] 그들에게 본능은 표출되는 기본 에너지를 달리 지칭하는 이름이다. 프로이트는 이를 리비도libido라고 칭하였다. 물론 그의 리비도는 우리가 지금 논의하지 않는 여러 가지를 포함하고 있지만 정신분석학에서 필수 불가결한 요인으로 여겨진다. 연합주의 심리학은 심리적 에너지가 여러 형태로 분출된다는 이론을 펴지 않는다. 연합주의 심리학은 반응 중 동작에 대한 반응을 강조하며, 감정이 반응과 연합하면서 유쾌하고 불쾌한 심리 상태를 연출한다고 본다. 우리가 사고라고 부르는 것을 역동 심리학처럼 내적 충동에 따른 정신활동의 한 형태로 보는 이론적인 입장은 연합주의 심리학에서 찾아볼 수 없다. 오히려 사고는 자극과 반응의 결합에 따른 기제가 복잡하게 작동함에 따라 일어난다고 본다. 연합주의 심리학은 지각에 관하여 별로 언급하지 않으며, 지각 문제도 독특한 반응의 차원에서 논의한다.

심층을 들여다보면 연합주의 심리학은 주관적 경험이나 내성적 경험을 논의 근거로 여기지 않는다. 연합주의 심리학에 따르면 신경 반응의 연합에 기초한 심리학이 오히려 주관적 심리 상태와 주관적 생각에 기초하여 이를 해석하는 심리학보다 더욱더 신뢰할 수 있다. 유기체 반응에 근거한 심리학은 표출된 자극에 반작용하는 것이 아니라 유기체가 행동을 주도한다고 보는 심리학과 다르다.

정신분석학에서 주장하는 심리적 에너지는 생물학적 유산을 앞서 언급한 문화적인 것으로 변형시키는 인간 능력의 유사체이다. 이 말은 아이가 음식, 배설, 수면의 기본 욕구만을 가지고 태어나지만 이 요구를 만족시키려는 충동은 곧 자기주장과 사회적 성향이 된다는 사실을 뜻한다. 아이가 성장하고 성숙해지면서 신경 기제는 그만큼 복잡해져서 태어날 때 지녔던 기본 욕구를 벗어나서 더욱 세련된 방식으로 반응하게 된다. 여기서 기본 욕구를 벗어난다는 것은 기본 욕구를 떨쳐내고 살 수 있다는 뜻이 아니다. 앞서 언급한 바와 같이, 경험의 연합과 반응의 조건화는 정신분석학과 행동주의가 모두 수용하는 원리다. 하지만 정신분석학에 따르면 아이가 성장하면서 다양한 방식으로 드러난 자기주장과 사회화 욕구는 그 방식에 따라 자신이 어떻게 반응에 대하여 아이 스스로 주도하거나 부지불식간에 수용하게 된다.

정신분석학은 유아 본능이 굴절되는 다양한 방식을 재해석하면서 명명하였고, 이 중 다수는 이미 잘 알려져 있다. 예를 들어서 투사 projection는 자기 자신이 수용하기 싫은 감정 상태를 타인에게 전가하는 심리적 기제를 말한다. 또 합리화rationalization는 우리가 존중하는 원리에 상반되는 행동을 정당화하는 데 동원하는 수단을 말한다. 이러한 종류의 자기기만과 스스로 용납하지 않는 일련의 행동을 결행해야 할 때 내리는 일종의 자기 결정은 엄연히 다르므로 이를 구분하는 것은 중요하다. 하지만 두 가지 중 덜 나쁜 결과의 선택을 고려할지도 모른다. 이러한 심리적 딜레마조차도 하나의 합리화 작업으로 여길 가능성도 있다. 비록 사람들이 결정하는 데 있어서 심사숙고하여 올바른 답을 도출하였으며 동기가 모호한 사례에는 독선적인 근거를 토대로 판단한다는 점을 밝힌다고 해도, 동기화란 그리 단순하지도 명백하지도 않기 때문에 잠재적 합리화를 보여주는 사례는 많다.

행동 근거를 사회적으로 용납될 형태로 변형시키는 것을 정신분석학에서 '승화sublimation'라고 한다. 이 심리 기제는 잠재적으로 부정적이고 사회적으로 용납되지 않는 동기를 나은 목적으로 끌어올리기 때문에 교육에서 매우 중요하다. 프로이트는 승화가 동일시 identification 과정을 통해 가능하여 그 이후에 따라 나온다고 주장한다. 프로이트가 말하는 동일시는 자신이 갖추어야 할 바람직한 행동, 태도 및 모습을 무의식에서 끌어오는 것을 말한다. 정신분석학에 따르면, 어린아이에게 동일시 대상은 당연히 부모, 교사, 형제자매이며, 그만큼 동일시가 일어날 수 있는 발달상 국면이 다양하다. 확실한 점은 갓난아이와 엄마와 관계가 특히 아이의 이후 발달에 가장 중요하다.

정신분석학은 리비도가 굴절하면서 나타나는 내적 과정을 전위 displacement, 억압repression, 투입introjection, 반동 형성reaction formation으로 설명한다. 여기서 이 각각의 의미를 특정할 필요는 없을 것이다. 역동 심리학에 따르면 중요한 점은 사람이 자기 주도 아래 환경에 반응한다는 것이다. 그래서 자신이 겪은 경험이 무의식과 의식 수준에 저장되었다가 해석된다는 것이다. 이러한 경험을 통해서 성격은 하나의 존재로 자리 잡게 된다. 즉 독자적으로 만들어 낸 자신만의 경험, 자신만의 삶을 지닌 개인이 존재한다는 것이다. 우리는 이와 같은 난해한 문제를 이후 인성 발달의 본질적인 측면이 무엇인가를 다룰 때 살펴보기로 한다.[9]

이 장에서 인간 본성의 유연성과 이에 따른 전반적 조건화 가능성을 살펴보았다. 특히 인간 본능과 습관이 뜻하는 바에 집중하였다. 발달심리학의 세세한 부분을 살펴보고자 한 의도는 아니지만, 심리학 저변에는 두 가지 관점이 깔려 있음을 밝히고자 하였다. 그중 하나에 따르면 인간은 어떻게 반응할지 능동적으로 주도하면서 조상으로부터 물려받은 성향을 전례 없이 변형시키는 독특한 학습자이다. 하지만 학풍 안에서도 사회적 환경이 주는 영향이 중요하다고 인정하기도 한다. 프로이트가 심리학의 유전적 측면을 강조했다면, 호니Horney, 설리번Sullivan, 카디너Kardiner, 에릭슨Erikson과 프롬Fromm과 같은 계승자들은 프로이트 방법을 적용할 영역을 확장한 인물들이다.[10] 또 다른 학파에 따르면 인간은 환경에 영향을 받는 신경 기제로 설명된다. 이보다는 인간은 하나의 유기체로서 특별하게 자기 인식을 할 능력을 타고 태어난 것도 아니고 행동을 능동적으로 주도할 독특한 장점을 가진 존재로 보아선 안 된다고 단정한다. 이러한 심리학적 사고의 선봉에 인간 의식이 독자적으로 존재한다는 점을 부정한 왓슨이 있다. 그의 후계자 손다이크Thorndike[11]와 헐Hull은 왓슨과 다른 주장을 펴기도 하였지만, 거드리Guthrie,[12] 스키너Skinner[13]와 함께 강화reinforcement, 차단blockage, 반응 및 보상 등의 개념을 통하여 학습 과정을 설명하는 기술 체계를 세웠다. 이러한 기술 설명 체계는 인간으로서 '나'는 삶 전반에 걸쳐 겪는 경험을 창출하는 존재로 보는 관점과 무관하다. 이 심리학 접근법은 인간 유기체가 반응하는 자극을 제공해 주는 환경에 집중한다. 돌라드Dollard와 밀러Miller는 이 맥락에서 좌절과 공격성에 관한 연구 결과를 낸 바 있다.[14] 이와는 달리 기능적 자율성을 주장함으로써 올포트Allport는 학습자의 독자성을 강조한 역동 심리학과 학습 과정을 하나의 체계로 설명한 연합주의 심리학을 연결하고자 하였다. 인성에 관한 저술에서 올포트는 다양한 심리학 사고를 의미 있게 종합하여 체계화하였다.[15] 우드워드Woodworth는 '심적 갖춤새mental set'라는 개념을 도입하여 기술 심리학에 역동적 개념을 적용하여 자극-반응 이론이 설명하는 많은 부분을 의미 있는 것으로 만들었다.[16]

교육은 주도적인 인간, 학습하는 인간과 더불어 인간 학습에 영향을 주는 환경에 어떻게 대처해야 하는지에 관심을 지닌다. 완벽한 설명 체제를 제공하는 권위적인 심리학은 없지만, 이 장을 통해서 검토한 심리학의 두 가지 설명 방식은 정합적인 설명을 요구하는 논의 체제에서 서로 다른 단서가 있음을 보여준다.

제7장
학 습

전통적인 관점에서 학습은 지식을 획득하여 저장하는 일이나 사실을 기억하고 인지하는 일이었다. 물론 이 관점은 만약 학습자의 입장에서 학습을 파악하려고 하면 동기와 효과와 같은 여러 문제를 야기한다. 하등동물이나 사람 모두 어떤 방식으로든 학습하지만, 이 책의 목적상 우리는 오로지 인간 학습만을 검토하고자 한다.

학습이 가능한 요건은 무엇인가? 첫째, 학습자 자신이 불만족스러운 상태에서 무엇을 필요로 하는지를 인식해야 한다. 그 결과 학습자는 목표에 도달하고자 하는 직접적인 충동을 느낀다. 이를테면 배고파서 밥 달라고 우는 아이, 교사의 감시 아래 라틴어 독본을 해석해야 하는 학생, 난해한 연구 문제를 놓고 추가로 탐구할 과제에 직면한 연구자 등이 보이는 반응이 그것이다. 반응에 대한 준비도는 학습이 일어나는 데 기본이기도 하지만 적응력을 지닌 유기체가 보이는 주요 행동 특성이기도 하다. 물론 학습은 반응에 대한 준비도 이상의 것이다. 무엇보다도 학습자는 자신이 당면한 장애blockage에 반응해야만 한다. 그것을 제거하지 못할 경우, 갓난아이는 울음을 터뜨릴 것이고, 라틴어 시를 이해하지 못할 것이고, 연구자는 연구 문제 해결을 위한 다른 방법을 모색하겠지만 그것마저 불가능해질 수도 있다.

두 번째로 학습은 성공적으로 적응하여 성취에 이르는 일이다.

즉 반응의 결과로 장애를 제거하고 불만족을 해소하여 긍정적인 성취 감정을 갖는 것이다. 수업 시간에 뭔가를 배우거나 탐구 문제가 해결되면 상황에 계속 대처하는 유인책을 제공하는 감성적 스트레스는 만족과 쾌락으로 변하게 된다.

세 번째로 학습된 내용이 파지되어야retained 이후에 이를 소환하여 써먹을 수 있다는 점이다. 이것이 실제로 일어나려면 학습자는 현재 자신이 알고 있는 내용과 이 내용을 획득하게 된 단계별 과정 사이의 관련을 파악하고 있어야 한다. 이러한 관계 지각은 팔 동작이 밥 먹는 동작의 기초임을 파악하는 영아의 기본적인 이해에서부터, 주어진 문장에 포함된 탈격 독립구를 교사 앞에서 지적해 내야 하는 학생의 한정된 이해력을 포함하여, 자신의 연구 문제를 해결할 새로운 방법을 모색하는 연구자의 섬광과 같은 통찰력에 이르기까지 다양하다. 학습이 증진되었다는 것은 이해력이 그만큼 촉진되었다는 것이다. 성공적인 학습이 지니는 특징은 이해 수준을 떠나서 새로운 문제를 다루는 데서 드러나는 효율성, 경제성 그리고 용이성이다.

어린아이들이 겪는 학습의 대부분은 숙고를 요구하지 않으며 우연히 마주치는 경험을 수동적으로 받아들이는 형태이다. 예를 들어서, 갓난아이가 아무렇게나 내는 발성은 나중에 제대로 된 언어를 학습할 준비에 해당한다. 마찬가지로 자세와 동작도 초기 우연한 것에 시작하여 학습된다. 부모와 다른 성인의 우연한 동작, 이를테면 어깨 으쓱거림, 표정, 목소리 톤 등도 마찬가지다. 초기 발달 단계에서 소리는 특정 사물과 연합하여 만들어지기 때문에, 언어는 일부 심리학자들이 말하는 수동적 학습의 전형적인 사례이다. 의사소통 필요가 증대될수록 언어를 더 능동적으로 학습해야 한다는 필요도 증대한다. 수동적 학습은 숙고를 요구하는 학습의 기반인 문화적 조건화에 해당한다. 가정 내에서 가르치는 내용 중 상당 부분은 숙고를 요구하는 학습이 이루어지는 기반을 제공한다. 수동적 학습에서 능동적 학습으로 이행하는 핵심은 동기화, 학습 목적 인식이며 이러한 목적에 수반하는 감정은 학습자에게 흥미와 학습 과정에 야기되는 좌절을 헤치고 학습하려는 의지를 부여하는 데 중요하다. 다른 동물과 마찬가지로 인간도 우연히 주어진 방법에 따라 학습하지만, 인간 학습은 목적과 관심이 주어졌을 때 그 이해와 파악의 정도가 증대하기 때문에 현대 교수법에서는 학습자의 주도성을 강조한다.

사회적 용납 여부는 인간 동기화에 있어서 확실한 잠재적 요인이다. 이런 이유에서 문화는 개인의 학습에 가장 강력한 영향을 미친다. 초기 단계에서 칭찬이나 타부는 영아의 반응을 일어나는 한계를 완화한다. 조건화와 초기 습관 형성을 강조하는 심리학자들은 감정적 태도와 반응이 자발적이지 못한 초기 단계에 이루어진다고 지적한다. 예를 들자면 어둠에 대한 공포나 고립되어서 애정이 상호 전달되지 못하는 중대한 사태를 들 수 있다. 이러한 사례를 통하여 우리는 프로이트의 역동 심리학과 헐이 주장하는 연합주의 심리학은 두 가지가 각기 독특하게 강조하는 내용보다 공통으로 설명하는 바가 많다는 점을 알 수 있다.[1]

학습은 지속적인 성장의 문제이기 때문에, 아동의 신체적 성숙도에 의존하는 것은 분명해 보인다. 생후 몇 개월밖에 안 된 영아는 숟가락질할 수 없으며, 치아, 입술, 혀는 말하기에는 너무 미숙하다. 말을 더듬는 어린아이는 합창단 구성에 맞추어 노래를 부를 수 없다. 하지만 학습이 성장하는 데에는 계열성이나 논리적 특성이 필요조건은 아니다. 학습은 우연히 일어나기도 하고, 시행착오 또는 직관이나 통찰에 따라 일어나기 때문에, 그 학습이 어떤 단계를 걸쳐 가능한가를 추적할 수 없을 만큼 지각적 비약이 있을 수 있다. 물론 단계별로 지식이 습득되는 절차처럼 논리적으로 추론할 수 있는 틀에 박힌 절차에 따른 학습도 있다. 시행착오에 따른 학습에 대한 가장 좋은 사례는 두 금속 조각이 엉켜 있다가 풀리는 놀이에서 사람들이 대하는 방식에서 찾을 수 있다. 사람들의 대하는 방식을 관찰하면, 처음에는 사람들이 금속이 어떻게 엉키는가를 관찰하려고 금속 조각에 주시하고 잠시 생각하고 나서 분석한 다음 이를 토대로 조각을 맞추어 보려고 하지만, 동시에 이를 포기하고 다시 조각을 섞은 상태에서 하나를 찾으려는 노력을 기울임을 알 수 있다. 사람들은 해법이 분명히 있음을 알고 그것을 우연히 찾아낼 수 있다고 믿고서 자기가 한 일을 되짚어서 자신이 했던 방식을 찾아내려고 한다.

조건화된 반응 또는 반사로 알려진 학습의 형태는 만족스러운 반응을 도출하는 자극을 만들어 냄으로써 착오가 제거된다는 점에서 통찰이나 논리와는 다르다. 이러한 반응은 자극을 반복적으로 제공함에 따라 강화된다.

교사가 학생의 학습 주도력을 권장하고 통찰력 또는 독자적인 사고력을 행사할 기회를 제공하고자 한다면, 교사의 가르치는 행위의 상당 부분은 조건화된 반응이 주어지는 순서에 따른다는 사실을 인정해야만 한다. 예를 들어 보강 또는 소거의 방법을 사용하고자 할 때, 이 방법을 통해 해결할 수단을 강구하려고 한다. 이러한 방식에 따라 교수 방법은 장차 사례에서 겪게 될 또 다른 어려움을 없이 추진할 사례를 선별할 것이다. 우리는 어떤 표시를 보내거나 다른 보상을 제공함으로써 아이들의 행동을 강화할 수 있다. 만약 아이에게 어떤 탐구나 탐색의 기회를 제공하지 않으면서 '이런 경우에는 이렇게 해야만 해'라고 말하는 경우, 우리는 그 아이를 조건화하거나, 우리는 아이를 교화시키는 것이다. 이때 그것을 그대로 받아들이는 경우 말고는 다른 대안이 문제될 것이 없어야 한다. 게슈탈트 심리학은 아이들이 풀고자 하는 문제는 전체를 파악해야 하는 새로운 유형으로서 내가 여기서 지적하는 논의를 벗어난 것인지도 모른다. 중요한 점은 여러 방법을 제시하면 아이를 혼란스럽게 한다는 전제 아래 한 가지 해결 방법을 자주 제시하는 데에 있다. 그리고 논란이 일어나는 방법이 아니라면 조건화된 반응에 의존할 수도 있다.

여기서 잠시 아이가 자라면서 새롭게 당면하게 될 사례들을 생각해 보자. 아이는 상황에 반응하면서 다음과 같이 행동할 것이다. 이를테면 음식 먹는 상황과 관련하여 음식 먹을 시간과 음식을 먹여주는 엄마를 고려할 것이다. 가지고 놀 장난감을 통하여 감각 경험적으로 학습하게 될 계책도 있다. 아이는 대소변을 보아야 할 적당한 시간과 장소가 무엇인지를 학습하게 된다. 천 조각은 입어야 할 물체이며, 이는 곧 언제 그리고 어떻게 옷을 입어야 하는 문제임을 학습한다. 집에 거주한다는 것은 곧 그 안의 물건이 다른 사람의 소지품임을 학습하며, 가구나 집기, 장식품을 다루는 방식, 이러한 여건 속에서 익숙한 음식 섭취 행동도 학습한다. 이처럼 가정 내 가구들을 통하여 우리는 멋지고, 정연하고, 안락하고, 어울리는 것이 어떤 것임을 학습하고 가족 구성원과 아이 자신이 차지하는 공간 등을 학습하게 한다.

언어는 모든 것을 습득하는 가장 유용한 수단이다. 유아기 몇 해 동안 언어는 가족 구성원, 친구, 친지들이 의도적으로 가르쳤던 방식이나 우리가 어려서 모름지기 학습했던 방식으로 아이에게 구축된다. 가정 내 언어 습관은 곧 아이의 습관으로 정착되고, 가족 구성원이나 아이가 좋아하는 인물이 주로 사용하는 언어의 유형은 아이가 줄곧 사용하는 언어의 유형을 결정한다. 관념은 언어화되기 이전에 작동하면서, 3세 또는 4세 아이가 언어적 부적응으로 좌절을 겪게 하는 요인이 되기도 한다. 언어 표현이 적거나 대화가 단절된 가정 환경도 성장하는 아이의 행동 패턴을 결정한다.

위험한 물체는 어려서부터 아이에게 고지되면서 이에 따라 아이 행동이 제약되기도 한다. 이후 발달 단계에서 이 위험한 물체는 공포나 회피의 원인이 되지 않는 경우가 있으며 오히려 이에 달려들려고 시도하게 된다. 이는 아이가 성장하면서 자신이 하고픈 것이나 해도 좋다고 허락받고 싶은 마음에서 시도하는 데서 비롯된다.

여기서 우리는 예절이라는 어려운 문제에 당면한다. 이를테면 부모나 친척, 손님에 대하여 어떻게 행동해야 하는가, 또는 어려서 부모가 해서는 안 될 행동이나 부모 앞에서는 삼가야 할 행동을 이제는 해도 되는가 하는 행동 기준 갈등 문제다. 아이 혼자서 당면한 상황에서 자신을 통제해야 하는지 아니면 자기주장을 해야 하는지는 매우 분간하기 어려운 문제가 되며, 이 경우 적절한 행동이 무엇인가는 상당한 시간이 흘러야 학습하게 된다. 예절상 어떤 습관은 아주 어려서 습득된다. 예를 들어서 빅토리아 시대 아이는 아버지에 대한 존경심은 나중에 심각한 문제로 지적된 아주 드문 경우를 제외하고는 유아기와 아동기를 통해 의심 여지가 없었다.

물론 원활하게 대처해야 하는 마음 자세가 요구되는 전혀 다른 상황도 있다. 이를테면 종교나 형벌에 대하여 엄숙함으로 대하면 된다. 유머가 의문의 여지 없이 요구되는 슬프고 침통한 상황이 있는가 하면, 거리낌 없이 기쁨을 표현해야 하는 상황도 있다.

이런 방식으로 설명할 수 있는 것은 많다. 성장하는 동안 아이는 자신의 처지에서 어떻게 처신해야 하는지 잽싸게 눈치채야 하는 상황도 있다. 문화가 권장하는 내용도 있고, 금지 또는 제한하는 행동처럼 아이가 별로 선택할 여지가 없어서 자신이 이에 대한 책임을 질 필요가 없는 경우도 있다. 문화가 결정한 내용 중에는 과거에 비해 오늘날 합당하지 않은 경우도 적지 않다. 이 말은 곧 과거 우리가 자라면서 당연하게 수용했던 내용이 현재 필연적으로 따라야 할 내용이 아니라는 뜻이다.

인간 학습에서 가장 위대한 성취는 실상을 상징이나 이미지로 표현할 능력과 사고하고 상상할 능력을 지녔다는 점이다. 특히 언어를 도구로 사용하는 능력을 이 능력과 결합함으로써 인간은 여러 가지 경험을 마음에 담아낼 수 있었다. 인간은 장차 자신이 직면할 문제가 일어날 상황을 미리 겪어 볼 필요가 없지만, 그것이 무엇인지를 생각하고 상상해 볼 수 있다. 이러한 '관념 속 실험experiment in ideas'은 실제 해당 문제가 일어나기 전에 그것을 해결할 방도를 모색하게 해 주어서 엄청나게 시간을 절약해 준다. 이러한 내적 활동은 이전 경험에서 축적되었던 기억, 판단, 개념, 아이디어 등을 동원한 정신 탐색의 과정을 통해 최고조에 달한다. 따라서 인간은 다른 사람의 기대에 맞추어 행동할 수 있으며, 이를 통해 인간은 '사회화된' 존재가 된다. 인간은 자기에 대한 타인의 기대에 스스로 부응하는 자아를 개발할 수 있다. 물론 이 과정에서 인간은 잘못될 수도 있지만, 적어도 자기 기대를 가설적으로 검증할 기회를 얻게 된다. 따라서 인간은 예견, 계획 그리고 기대로 말미암아 어느 정도로 환경을 바꿀 수 있으며 동시에 환경을 제어할 수단을 얻게 된다.

인간은 목적과 목표를 세움에 따라, 즉 자신이 의도한 바에 따라 일어날 일을 조정할 수 있게 됨에 따라, 어릴 적의 기본 욕구를 제어하고 이를 더 고차원적인 욕구 만족을 위한 것으로 재설정한다. 인간의 사고는 자신이 사는 세상에서 겪은 경험과 이에 대한 반응이 제공하는 내용으로 채워진다. 갓난아이건, 성장기 아이건, 성인이건 모두 인간을 만든 문화에 의하여 제재와 강압을 받기도 하고 권장을 받기도 하지만, 인간은 사고할 줄 아는 능력을 소유하였기 때문에 어느 정도 문화적 제약을 넘어설 수 있다.

인간이 처한 문화적 여건은 인간이 무엇을 어떻게 학습할 것인가를 가늠하는 단서를 제공하는 데 그치지 않고, 지금까지 학습한 내용 중에서 어떤 것을 유지할 것인가를 선정하게 해 준다. 성장 과정의 유아가 어떻게 행동을 습득하는가에 관하여 앞서 검토한 내용을 상기하면, 유아가 성장하면서 수행하는 역할과 함께 역할 수행이 이루어지는 상황에 어떻게 대처하는가를 알 수 있다. 이른바 역할 수행 발달에 세 가지 단계가 있다. 첫 번째 단계는 유아가 자신을 둘러싼 환경의 제약을 인식하면서 가능한 한 그 환경의 제약 속에서 자기에게 칭찬이나 허락이 주어지도록 반응하려고 할 때 시작된다. 두 번째 단계는 놀이 단계라고 하는데, 아이가 여러 가지 역할을 맡으려고 하며 심지어 자신을 대하는 다른 사람의 역할도 시도하려는 단계이다. 이것은 곧 아이가 여러 종류의 다른 자아를 가지려고 시도하는 것이어서 자신이 다른 사람이 수행하는 역할을 감당할 능력이 있는가를 실험하고자 하는 것이다. 이 단계에서 아이의 생각이 체계적으로 조직되어 있지 못하며, 여러 가지 역할 수행에서 겪는 경험의 일관되지 못할 수 있을 것이다. 이때 여러 가지 역할이 제각기 따로 놀고, 아이의 마음속에 상호 관련되지 못한 형태로 남아 있게 된다. 세 번째 단계는 이전보다 조직적이고 일관된 결과를 낳는 게임 단계라고 하는데, 이 단계에서 아이는 자신의 역할 수행이 일어나는 상황이 조직적인 문화 체제에 상응하는지는 보려고는 시도한다. 이 단계에서 아이는 다양한 사람들의 모든 역할을 해보기 원하여 같은 장면에서조차 다른 역할을 수행해 보려고 한다. 왜냐하면 이 단계에서 아이는 자기가 마주치고 반응하고자 하는 다양한 사람들의 기대치를 예견할 수 있다고 생각하기 때문이다.

이러한 다양한 변신의 실체가 무한정 확장되지는 않는다. 인간의 다양한 역할이 단순화된다. 이러한 단순화된 사례는 이른바 국민 특성이라고 부르는 데서 찾을 수 있다. 여기서 달리 해석할 여지가 없어서 강력한 통합의 성격이 드러난다. 앞으로 살펴볼 바와 같이, 미드G. H. Mead는 이를 '일반화된 타인의 규칙the rule of the generalized other'이라고 하였다.[2] 안정된 사회에서는 이러한 일반화된 이미지는 그 역할이 이미 확고하게 승인되었기 때문에 정착된 형태를 띠며 달리 해석될 가능성도 적다. 그러나 여러 국적자, 여러 소득 계층, 다양한 문화적 배경이 한데 몰려 있는 런던이나 시카고와 같은 대도시에서 한 개인이 한 집단에서 다른 집단으로 이동하는 것이 수월하지도 않고 가능해 보이지도 않는다. 런던 신흥 상류 지역 벨그레이비어의 일반화된 타인은 런던 중심부 외국인 경영 식당가 소호의 그것과는 확실히 다르다. 역할의 단순화 과정에서 교육이 차지하는 역할은 전통 속에서 찾을 수 있으며, 또한 사회적으로 승인된 성격 특성personality trait이나 인격 유형character type을 변형하여 재해석하는 일에서 찾을 수 있다.

안정된 사회의 교육 체제에서는 교육 내용과 방법 그리고 누가 가르칠 것인가에 일반적인 합의가 이미 이루어져 있다. 이는 성장 과정과 주변 환경으로부터 학습에 대한 합의로 이어진다. 영국의 전통 사립학교가 이에 해당한다. 남학생과 여학생에게 각각 가르칠 내용이 무엇인가에 대한 합의가 부모와 교사 간에 이루어져 있으며, 특히 기숙 사립학교의 경우에는 학교의 문화적 배경은 바로 부모가 자신의 아이를 위하여 가르치도록 요구하는 그대로이다. 부모는 기꺼이 자식 교육을 학교에 일임하고자 하며, 자신이 이해하지 못하는 학교의 교육 성과라 하더라도 이를 흔쾌히 승인하려고 한다. 달리 말하자면 부모는 교사가 수행하는 역할을 중시하며, 나아가서 기숙사 사감과 교장의 역할에도 큰 비중을 둔다. 하지만 중등 개혁 학교*에서는 사정이 다르다. 학부모는 학교가 존중하는 문화적 배경을 수용하지 않으며 아이가 존중해야 할 가치로 여기질 않는다. 그들은 법에 정해진 대로 의무교육 연한 동안 아이를 학교에 맡기기는 하지만, 일차적인 관심은 장차 아이의 생계 문제에 집중되어 있다. 부모의 관점에서 교사의 역할은 전통 사립학교 부모의 관점과 판이하다. 한 사람에게 사회적으로 요구되는 역할이 많아질수록, 학교와 같은 공공기관이 수행해야 하는 역할도 많아진다. 아름다움이란 보는 사람 관점에 따라 다른 것인 만큼, 학부모가 학교에 대하여 요구하는 역할이란 많아질 수밖에 없다. 대학 진학을 통해 학문적 성취를 바라거나 중등학교 졸업 후 좋은 직장을 갖게 하거나 기본 문해력에 주안점을 두거나 손에 잡을 수 있는 실용적 기술을 가르치거나 리더십을 함양하는 등 많을 수밖에 없다.

학습을 다룬 이 장의 마지막 관심은 학습의 과정에 관한 것이다.

---

* secondary modern school. 1944년부터 1970년대 초까지 존속했던 영국의 개혁 학교로서 전통 사립학교에 대한 대안으로 운영된 공립학교로 이 글을 쓸 당시 쟁점 사안이었다. 나중에 평준화된 학교(comprehensive school)로 대체되었다. (역자 주)

여기에는 우리에게 친숙하지만 간과하기 쉬운 두 가지 '법칙'이 있다. 하나는 폐기에 반대되는 연습exercise의 법칙이다. 어떤 행동을 성공적으로 수행하면 이후에 이를 다시 수월하게 할 수 있다. 이것은 조건화 개념을 전반적으로 받쳐주는 기초이다. 여기에 하부 법칙 세 가지가 있다. 첫 번째가 빈도frequency의 법칙으로서 행동을 자주 하는 만큼 기울일 주의력이 줄어든다는 것으로 습관을 구축하는 기초이다. 구두끈을 매는 법이나 글쓰기를 배운 아이는 별도의 생각을 요구하지 않고 경험적으로 밴 일련의 습관을 형성하고 있다. 일련의 행동은 이와 같은 방식으로 조성되어 복잡한 습관으로 이어진다. 이렇게 형성된 습관은 바꾸기가 어려운 지경에 이른다. 이를테면 구두끈을 헤치고 다니는 습관, 독수리 타법, 유별난 타자의 '나쁜' 타법을 들 수 있다. 빈도의 법칙은 습관이나 판박이 행동을 설명하는 근거이며, 어린 아이가 수학 공식을 미리 배우는 과도 학습을 가능하게 한다.

빈도의 법칙을 활용하면 신근recency의 법칙을 얻을 수 있다. 일정 기간 자주 일어나다가 멈추면 빈도의 효율성이 떨어진다. 이 법칙은 한동안 사용하지 않던 외국어를 사용하고자 할 때 또는 새로운 시즌에 들어 처음 육상훈련을 시작하면서 겪는 고통이 일어날 때를 설명한다.

이 두 가지 사례가 같은 빈도로 다른 시기에 수행되었다면, 가장 가까운 시기에 수행한 것이 좋을 것이며, 이 법칙은 빈번하게 수정하여 개요를 파악하는 일이 학습에 필수적이기 때문에 학교 이외에도 다른 분야에서도 중시된다. 또 다른 요인으로 집중intensity 법칙을 들 수 있다. 이 법칙은 단순 반복이나 최근 반복만으로 학습을 설명하는 데 불충분하여 요구된다. 우리가 어느 시점에 학습한 내용을 잊지 않는 것은 경험이 우리 기억 속에 깊이 각인되도록 작동하는 감성적 집중력 때문이다.

두 번째는 효과effect의 법칙으로서 헐이 보상이라고 지칭한 것과 관련된다. 성공적인 행동이란 우리 마음속에 설정한 목적을 이루고 이에 따른 성취감을 맛볼 때 이루어진다. 목적을 갖는다는 것은 다 똑같아 보여도 실은 다르다. 예를 들어서 아이가 시를 배울 때 중요한 것은 시구를 몽땅 암기하는 것이라고 결심하고 온갖 수단을 동원하여 그것을 달성하였다고 하자. 이 경우 암기에는 성공하였지만 시를 학습하는 데 실패하였다. 시행착오 학습은 문제 해결을 방법을 찾지 못하고 무조건 노력하면 된다는 희망만 심어주는 또 다른 사례이다. 성공이 따르기만 하면 우리는 그것을 최선의 수단으로 여긴다. 아이가 산수 문제 정답 맞히기가 가장 중요하다고 결심하였다면, 그 아이는 정답이 도출되는 과정보다는 책 뒤에 붙은 정답표를 보는 일에 몰두하면서 자신의 방법이 중요하다고 꾸며대는 확신을 갖게 될 것이다. 이에 교사는 성과를 거두었을지 모르지만, 매우 나쁜 성과를 거두었다고 말할 것이다.

연습과 효과의 두 법칙을 통해서 얻을 수 있는 교훈이 역할 수행과 관련되어 있다면, 학교 교육에서 중요한 것은 교사가 학생이 어떤 생각을 염두에 두고 있는가를 파악하는 일이다. 교사가 원하는 성과를 겉으로 드러나게 하여 외형적으로 확인하는 것만으로 가르치는 일이 쉽다고 할 수 있겠지만, 더욱 중요한 것은 학습자가 스스로 성취했다는 성과가 무엇인지를 정확하게 알려는 시도이다. 많은 유인가를 동원하면 아이들이 최선을 다하도록 학습을 독려하는 것은 사실이다. 이 중에서 긍정적인 독려에 해당하는 것으로 보상, 칭찬, 용납이 있으며, 부정적인 독려에 해당하는 것으로 벌, 꾸짖음, 낮은 평가가 있다. 그러나 훌륭한 교사가 설정할 최고의 목적으로 권장할 것은 자신의 학습 상황에서 학생 스스로가 목적과 유인가를 설정하여 지식 연마의 기쁨과 이해력 증진의 만족감을 얻도록 하는 일이다. 이러한 작업을 통하여 아이는 더욱 높은 수준의 연마를 통한 성취감을 얻을 수 있다. 이는 매우 어렵고 복잡한 작업이지만 교사의 역할 설정에서 세심하면서도 일관되게 고려해야 할 내용이다. 이렇게 하면 교사와 학생은 수시로 서로를 자극하는 관계에서 이상적인 모습을 보여줄 것이며, 빈도와 효과의 법칙이 곧바로 작동하는 성과를 얻어낼 것이다.

제8장
학습 장애

학습에서 반응하고 이미 경험한 내용을 토대로 새롭게 학습하는 것도 사람이기 때문에, 역동 심리학은 학습을 논의할 때 개인 전체를 고려해야 한다고 주장한다. 그러므로 일반적인 지적 능력과 지력이라고 하는 사고를 지탱하는 능력 이외에도, 우리는 지적으로 성장하는 데 있어서 인간의 내적 준비도가 중요하다는 점을 인식할 필요가 있다. 인간이 이런저런 이유로 행동이 금지되거나 하고자 싶은 것이 좌절당하면, 이에 대응할 행동을 가능하게 하는 여러 영역의 역량이 있다. 그런 문제들은 교수 기법을 고려한다거나 문제를 논리적으로 분석하는 것만으로 충분하지 않기 때문에, 학습자가 학습하는 데 겪는 심리적 경제성을 고려해야 한다. 이는 인간의 지적 역량의 문제만이 아니라 감성적 삶의 패턴과 유아기 경험의 강력한 영향력 문제이기도 하다.

제2차 세계대전 이전 독일에서 심리적 불능상태incapacity에 관한 갖가지 연구가 다양하게 나왔다. '불능 심리학*Psychologie des Nicht Könnens*'으로 알려진 이 연구는 좌절에 관한 연구에서 상당한 성과를 거두었다. 여기서 좌절은 성취감을 가로막는 주관적인 상태를 말한다. 이를테면 계속되는 실패는 우울증 증대로 이어지고 초기에 가능해 보였던 잠재적 성공 요인조차도 더욱 불가능한 것으로 여기게 된다. 행동의 불능상태가 분명하게 드러나면 학습 장애가 일어난다.

여기에는 여러 요인에 기인하지만, 이 중에서 학습자의 심신쇠약, 행동을 방해하거나 일어나지 못하게 하는 장애, 효과적인 학습을 가로막는 심리상태인 의식장애를 꼽을 수 있다.[1]

이 세 가지 장애를 살펴보기 위하여, 우리는 먼저 내적 불능상태 자체가 이미 귀먹음, 눈멂과 같은 감각 장애, 지적 열약intellectual subnormality 또는 마비와 기형과 같은 신체장애를 변별할 필요가 있다. 이러한 장애 중 하나로 고생하는 사람이라면 보통 사람처럼 살아갈 수 없다. 다른 사람에 비하여 자신이 열세인 상황에 직면하게 되면, 그 사람은 자신이 할 수 있는 일을 찾아 분발하더라도 자신이 적응할 수 없는 실패 장벽을 겪게 될지도 모른다. 최근 장애를 지닌 사람이 슬기롭게 대처하는 데 주어진 과제는 그들 스스로 할 수 있는 만큼 할 수 있도록 하는 것이지만, 어떤 경우에는 그들이 장애를 안고 사는 삶 그대로 받아들이면서 더 나아질 대안이 없다는 부정적 심리상태를 내내 갖지 않게 하는 것이다.

이러한 경우에서 우리가 분명하게 알 수 있는 점은 유아기 경험을 통해서 안정감과 수용 심리를 갖는다는 사실이 기대 이상으로 매우 중요하다는 사실이다. 이러한 이유에서 시간이 지나면서 장애인들이 요구하는 사항을 선제적으로 교육 체제 속에서 수용하도록 노력해야만 한다. 첫 번째 요구는 장애아가 스스로 할 수 있는 만큼 노력해야만 하고, 있는 그대로 상태를 정상적인 것으로 인식하도록 노력해야만 한다. 다른 요구는 그들이 처한 조건에서 나오는 특정 문제는 그들이 다룰 수 있도록 해야 한다는 것이다. 앞을 보지 못하는 아이는 그렇지 않은 아이처럼 배울 수 없고, 못 듣는 아이는 청각을 사용하지 않고도 학습할 수 있어야 한다. 지적 장애 아동은 평균 수준의 학업을 성취할 수 없으므로, 각기 겪는 장애를 극복할 수 있는 교수 기법이 있어야 한다. 이러한 장애를 노골적으로 인식하면서 극복한다고 해도, 우리가 적극적으로 대처하지 못하는 드러나지 않은 경중 장애near-incapacity가 수없이 존재한다. 이러한 이유에서 학교에서는 시간표 운영을 유연하게 운영하도록 해야 하며, 동시에 개별 아동이 수업을 따라가는 것을 확인할 수 있을 만큼 소규모 수업이 이루어져야 한다. 반대로 같은 장애를 지닌 아이들이라도 자신의 불편함에 각기 다르게 반응할 수 있음을 알 수 있고, 정신 능력이 낮은 아이라도 각고의 노력과 인내심을 발휘하여 다른 아이보다 수준이 높은 성취를 이룰 수 있다는 점도 사실이다. 두각을 나타내지 못하는 운동선수인 아이도 자신의 뚝심으로 뛰어난 성과를 낼 수 있다. 현실적인 행정 편의상 우리는 간혹 불평등이 편재하는 것을 정상분포 선상에서 취급하려고 하고, 이를 토대로 다양한 능력이 다양하게 분포된 교실에서 아이들을 가르친다. 어떤 경우이건 비정상abnormality이라는 오명은 아이들의 역량을 넘어서는 정상을 추구하도록 강요한다.

정상적 생활을 못하게 방해하는 두 번째 요인은 실행이었다. 극심한 기근이나 실업 기간 나타난 심각한 장애는 노동자가 통제할 수 없었다. 굶주림, 노숙, 추위에도 불구하고 뛰어난 성취를 이루는 예외적인 사람들이 있지만, 이러한 악조건은 평범한 사람들의 에너지와 성취를 앗아가는 요인이다. 문명사를 통해서 국가건 개인이건 삶의 물리적 조건이 보장되었을 때 지속적인 문화적 성취가 이루어졌음을 알 수 있다. 이 세상의 문화는 전쟁과 기근이 성행하는 시절에 이루어지지 않았다.

이보다 덜 극적인 상황을 보면, 자신감을 약화하는 가정이나 빈곤한 문화 배경을 지닌 가정에 속한 아이들은 스스로 새로운 상황과 새로운 기회에 대응할 능력이 없다고 인식한다. 수줍음, 자신감 결여, 심지어 수치심과 자책감이 그들의 삶의 장면에서 왜곡된 자아상을 갖게 한다. 이러한 아이들은 주어진 기회를 활용하지 못하며, 자신이나 타인을 소신 있게 대하지 못한다. 이 사실이 바로 앞서 언급한 세 번째 불능상태인 실행을 가로막는 의식 방해이며, 독일어로 '공연의식Spielraumbewusstsein'이라고 한다.

앞서 우리는 열악한 조건에서 비롯된 심리학적 결과를 언급한 바 있다. 아들러Alfred Adler는 자신의 인성 심리학의 상당 부분을 그가 설정한 기관 열등감organ inferiority이라는 이론에 토대를 둔다. 그가 말하는 기관 열등감이란 신체 여러 부분 중에서 유기체적 약점이 유전되는 경향을 뜻한다. 이를테면 어려서부터 약한 호흡기관을 가진 사람은 후에 언어 장애로 고생한다는 사실을 들 수 있다. 그래서 그의 가족은 그의 언어를 교정할 방법을 구하려고 자신에게 드러난 약점만을 파고들 가능성이 짙다. 당사자는 자신이 정확하게 진단되지 않을 뿐만 아니라 의사소통도 이루어지지 않음을 느낄 것이다. 그 결과 그는 자신의 드러난 행동 특성에만 과도하게 주의를 집중하게 된다. 이러한 집중을 아들러는 보상이라고 칭하였다. 그는 우리 행동의 상당 부분이 의식적으로 무의식적으로 부족분에 저항하여 열등함에 대한 보상을 받고자 하는 욕망에 근거한다고 주장한다. 아들러 관점에서 삶의 스타일은 기관 열등감이 상호작용한 결과로 초기부터 형성되므로, 우리의 사회적 삶은 곧 우리가 유아로 산다는 것이다. 이제는 심리학 전문용어가 아닌 일상언어로 여기는 열등감은 신체적, 심리적 요인들이 상호작용하여 드러난 사례이다. 열등감은 사람이 관련된 모든 상황을 만성적으로 왜곡하도록 한다. 즉 행동의 보상적 형태는 왜곡을 낳고, 이것이 열등감을 증진하게 만든다.

행동의 동기요인으로서 약점에 토대를 둔 아들러의 인성 이론에서 다룬 내용이 많지만, 이는 공격성과 성을 두 가지 기본 본능으로 보는 프로이트의 역동 심리학과는 다르다. 그럼에도, 두 이론은 성인기에도 다시 등장하는 태도와 행동을 결정하는 유아기 중요성을 강조한다. 만약 초기 경험이 손상되면, 일상생활에서 당면하는 상황 이해와 학습 능력을 왜곡하는 일련의 장애가 나타난다. 여기서 부모와 교사가 책임감을 가지고 해야 할 일은 이러한 장애 요인을 적절하게 대응하여 교정할 필요가 있는 만큼 이를 꾸준하게 전망하는 것이다.

학습 과정의 좌절이 곧 전체 인성 좌절의 한 부분이며 결코 지적 기능과 연결된 문제가 아니라는 점을 인정한다면, 인성 전체가 작동하는 역기능에 많은 관심을 기울여야 할 것이다. 학습 부진의 많은 사례는 임신 중 질병으로 인한 신체 결함과 같은 기관 결함에 기인한 것이다. 그러나 대부분 심리적 원인으로 인한 정신적 퇴행성의 다른 징후도 있다. 경우에 따라 이해력의 원천 장애blank failure는 지식이 인성의 균형 유지에 요구된다는 사실과 관련된다고 한다. 하지만 우리는 분노, 죄의식 또는 이미 균형 잡힌 인성을 해롭게 하는 상황이 이러한 지적 결함에서 비롯된다고만 보지 않는다.

정신분석학에 따르면 인성은 통제를 벗어나서 성감대와 연결된 유아 경험이 분출하는 방향으로 발달한다. 또한 유아가 구강기, 항문기, 성기기를 통하여 겪는 경험에 뚜렷한 억압이나 좌절이 없는 상태에서 자란다면, 그것은 금지와 죄의식에서 벗어나 아이가 지니게 될 성격이 어떤 것인지를 보여준다고 여긴다. 영유아기에 성적 호기심이 갇혀버리면 어떤 것을 안다는 것이 곧 타부라는 생각이 굳어져서 그러한 경험은 다른 영역으로 퍼진다. 아이가 갖는 호기심이란 일반적으로 바보처럼 보이는 행동을 유발하여 스스로 탐구하려는 자세가 타인의 명령에 대한 복종으로 대체될 수도 있다. 페니첼Fenichel에 따르면, 혼자 힘으로 뭔가 찾아내려는 의지는 자존감과 자신감을 갖게 하는 성격을 형성하고, 아주 어릴 적에 자기가 아는 바에 대하여 비토를 경험한 아이는 생각을 이어가거나 탐구하려는 욕구보다는 주어진 사실이나 정보에 의존하는 성격을 지니게 될 가능성이 크다. 특히 종교와 정치는 아이 개개인이 탐구하려는 데 비토를 놓는 또 다른 영역이다. 이와는 달리 프로이트와 아들러는 여자아이들이 간혹 여성성을 수용하지 않아서 결국 지적 발달에 있어서 장애를 일으킬 정도의 갈등을 겪는 경우를 목격하고 이에 주목하였다.[3]

쇠넬Schonell과 버트는 학업 성취에 관한 부진에 관하여 공신력 있는 연구를 수행한 것으로 잘 알려져 있다. 학업 성취 결함을 유발하는 요인은 크게 세 가지가 있다. 하나는 환경적 요인이고, 다른 하나는 지적 요인이며, 또 다른 하나는 감성적 요인이다. 환경적 요인은 우리가 쉽게 예측할 수 있는 것으로, 이미 여러 경로로 검토한 바 있는 가난한 가정 환경과 그로 인한 열악한 학습 분위기, 방과 후 활동의 제약, 과밀학급, 높은 결석률, 열악한 교구, 교원 부족과 뒤떨어진 교수 행위 등이다. 이러한 요인들은 애석하게도 우리에게 너무나 친숙하게 여겨지는 것이어서 더 이상 설명이 필요 없다. 지적 요인도 적용되는 초기부터 문제가 심각한 것으로서, 부모로부터 받은 열악한 조건, 낮은 지적 능력, 나쁜 생활습관과 형편없는 학습의 결과로 나타나는 정신적 혼란, 아이 역량을 넘어서 강요되는 성취 압력 등이다. 쇠넬과 버트 모두 학습 부진이 이 한 가지 경우에 국한된다고 보지 않는다.[4] 누구나 예상할 수 있듯이, 그들도 학습 부진은 여러 원인에서 비롯된 것이라는 데 동의한다. 만약 학습 부진을 주도하는 요인이 있다면, 그것은 상황을 악화시키는 또 다른 문제를 만들어낼 것이기 때문이다. 감성적 요인이 학습 부진을 심화시키는 것은 주목할 만한 사실이다. 감성적 요인들은 주로 다양한 태도로 표출되는 데, 반감, 낙담과 실패감, 추진력과 자신감 상실과 아울러 주도력 상실 등이다.

어느 한 과목, 이를테면 산수에서 학습 부진이 생기면, 그 실패는 곧 다른 과목에서 부진을 야기하는 심리적 태도로 번진다. 어느 정도 수준의 학업 수준을 유지하는 아이에게도 한 과목의 부진이 다른 과목에도 작용할 수 있다는 점도 사실이듯이 많은 사례에서 실패감은 퍼져 간다. 프로이트와 아들러가 지적한 바와 같이, 이런 경우에 아이들은 신나는 일이나 흥밋거리와 성취와 같은 보상적 형태의 행동을 찾으려 하면서 동시에 다른 사람으로부터 관심을 끌어서 자신에게 의미를 부여하도록 행동하려 한다. 물론 이러한 행동의 상당수는 반사회적이다. 그래서 쇠넬은 런던 아동상담센터London Child

Guidance Clinic에 보고된 2천 개의 비행 사례 중 55%가 읽기와 철자 학업 부진에 기인함을 지적한다. 또한 버트도 지적한 바와 같이, 쇠넬은 학생의 학업 문제를 동정적으로 고려해야 행동과 적응에서 성과를 거두고 친구와 교사에 대한 태도 변화를 꾀할 수 있음을 지적한다. 이를 거꾸로 말하자면, 학교에서 학업 부진을 줄이려면 부적응 행동을 줄이고 비행을 확률적으로 줄여야 한다는 뜻이기도 하다.

쇠넬이 조사한 철자 문제 부진을 지닌 아이들의 3분의 1이 자아 관련 감성에서 비정상적인 발달 양상을 보여준다. 그는 이들을 두 극단 부류로 나누어 연구하였다. 첫 번째 부류는 반복되는 실패 경험과 이에 대하여 제대로 대응하지 못한 결과로 일종의 열등감을 지니게 된 아이들이다. 두 번째 부류는 자신의 단점에 대한 보상 심리에서 허세를 부리고 그 결과로 자신의 약점을 인식하거나 수용하기를 거부하는 아이들이다. 쇠넬은 스포츠 분야에서 뛰어나 학급의 키 작은 아이들에게 선망이 된 소년 한 명의 사례를 인용한 바 있다. 그 아이는 산수를 잘해서 성적이 상위권에 들지만 읽기와 철자 문제에 심각한 학습 장애가 있는 경우이다. 그는 자신이 잘 쓰고 읽을 수 있다는 것을 자신은 물론이고 학급 친구와 심지어 교사에게 각인시키기 위하여 자신의 학습 부진을 인정하려 들지 않는다. 그 아이는 입심 좋은 말로써 상대방에게 자신은 모든 것을 잘 알고 있는 것처럼 즉흥적으로 대처해 갈 수 있을지도 모른다. 이러한 맥락에서 이 아이는 작문력에 요구되는 질적 역량과 정확한 용어 구사 능력이 부족한 데다가, 이에 필요한 어휘력이 부족함을 인정하지 않고 이 모든 일에 자신이 있다고 확신하고 있다.

이러한 소년을 효과적으로 치료하려면 우리가 가장 먼저 수행해야 할 과제는 이 아이 스스로가 자기기만에 빠져 있다는 점을 인식하는 일이라고 쇠넬은 지적하고 있다. 다른 사람 앞에서 체면을 유지하도록 하는 정서적인 노력이 중요하고, 이어서 습관적인 반응을 피하도록 하는 일이다. 즉 자기 자신이 처한 맥락에서 벗어나도록 하여 그릇되게 설정한 자신의 역할을 이어가지 못하도록 하는 것이다.

이러한 경우에 대응하는 학습 요인에 관하여 우리는 제7장에서 살펴본 바 있으며, 이 장에서 살펴본 바와 같이 학습을 방해하는 요인에 관한 심리학적 연구 사례는 많다.

또 다른 학습 장애 유형은 대부분 교사에게 익숙한 수동성 문제이다. 학습에 저항 요인이 되는 수동성은 그 기원이 여러 가지다. 예를 들어 지적 요인의 기원이 부모에게서 비롯된 것이라고 하면, 학생은 자신이 재학 중인 학교가 부모가 가치 있다고 매긴 내용과 다르게 가르칠 경우 심한 갈등을 겪게 되고, 그 결과 그 갈등은 학업에 수동적으로 대처하거나 심지어 학업을 포기하게 한다. 반대로 이미 익숙한 내용에 대한 가치 평가가 담긴 내용을 학교에서 접하거나 대학에서 이를 더욱 확고한 형태로 가르친다면 더 이상 학습 의욕이 따르지 않기 때문에 학생은 더욱더 학업에 노력을 기울이지 않을 것이다. 이른바 나태함이라는 것은 학생 스스로 무책임함과 무기력함에서 비롯된 특성이 아니라는 것은 모두 수긍하는 내용이다. 수동적으로 공부를 회피하거나 적극적으로 하려고 하지 않는 것은 당연히 배워야 할 내용에 당혹감을 느껴서 혼란을 겪는 것과 마찬가지다.

학습심리학에 포함된 내용을 다루는 접근 방법까지 고려하다 보면, 학습에 수동적이거나 의지를 보이지 않는 학생을 연구해야 할 내용은 부지기수로 많아진다. 우선 과거 학교 학습 실패를 기록한 것을 토대로 학습 태도를 살필 수 있다. 이런 경우, 학습 실패가 일반 능력 결여 때문인가 아니면 특정 교과목의 기초가 부족해서인가, 초기 발달 단계에서 심한 경쟁심리가 작동해서인가, 교사가 잘못 가르쳐서 그러한가, 학습의 결정적 시기에 계속된 결석에 따른 것인가를 살펴볼 수 있다. 이러한 탐구는 해당 문제의 이론적 바탕을 파악하는 데 필수적이다. 하지만 기존에 수행된 다른 탐구 방식도 있다.

학습의 수동성이 학교 교과에서만 나타난다고 할 수 있는가, 주도적이고 열정적인 학습 태도를 확인할 증거를 찾을 만한 다른 방도가 있지 않을까. 학습 수동성이 해당 교과를 가르친 교사에 대한 감정에서 비롯되었다면, 교사에 대한 거부감이 해당 교과로 전도되어 나타났다고 할 수 있다. 교사에 대한 감정적 유대는 가족에 대하여 겪는 감정적 유대와는 다르며, 부모 형제에 대한 태도는 학교와 교과에 대한 태도와도 다르다.

여기서 강조하고자 하는 중요한 사실은 라틴어를 격조 있게 가르치라는 상투적인 말이 아니라 교과를 가르치는 일은 더 심층적으로 해석해야 한다는 점이다. 학교에서 가르치는 교과는 학습자가 습득해야 할 단순한 자료가 아니다. 학습자의 관점에서 교과는 교사와 학생을 연결하는 상징체이다. 또한 이러한 상징성을 지닌 교과는 다른 과목 교사와 가족들과 연결해 주는 감정적 유대감을 제공한다. 가르치는 일은 배우는 일과 다르다는 너무나 뻔한 말의 수준을 넘어서 매우 중요한 일이다. 교수-학습은 가르치는 사람과 배우는 사람의 삶의 스타일에 따라 이루어지고 교과는 사람 사이에 단순하게 지적 전달을 통하여 습득되는 것이 아님을 인식해야 하기 때문이다.

학습 과정을 이해하고 그것을 정확하게 기술한다는 점에서 연합주의 심리학은 매우 중요하다. 하지만 이 이론은 교사와 학생 사이 관계에는 인성이 포함된다는 점에 비추어 교육심리학으로서 제한점이 있다. 교사와 학생 사이의 인간관계 이외에 그들 각각이 수행하는 역할이 일종의 구조를 형성하고 유지한다는 점에서 강조되어야 마땅하다. 그래서 나는 연합주의 심리학의 한계를 극복할 대안으로 역동 심리학이 기여할 수 있다고 주장한다.[5] 정신분석학은 사회적 맥락에서 잘 활용된다는 조건에서 교사-학생의 인간관계를 이해하는 데 도움이 될 것이라고 믿는다. 이 점은 교육 상황에서 틀림없는 사실이어서 인성을 설명하는 데 매우 활용 가치가 크다.

제1부에서 교육의 이론적 바탕을 탐색한 다음 이와 관련되어 필연적으로 도출되는 심리학적 이론을 살펴보았다. 이제 그다음 단계로서 인성 발달의 사회적 측면을 다룰 차례이다.

제3부
인성 발달의 사회적 측면

제9장
인성의 사회 문화적 개념

우리가 지닌 인성의 개념 중 다수는 주로 영혼의 존재에 관한 플라톤 개념에 기인한다. 이에 따르면 인간은 두 가지 차원에서 삶을 영위한다. 진리의 형상形相은 떠도는 물거품과 개인의 경험과는 대비되는 보편적 진리의 원리로 존재하며, 기껏해야 인간은 이와 같은 관계만을 파악할 수 있을 뿐이다. 어떤 경우에도 인간의 일상적 경험은 낮은 차원의 인간 실존을 형성한다. 그래서 플라톤은 자신의 〈국가론〉 제7권에서 인간이 살아가는 세계에서 달리 지각되는 상이한 수준의 단계를 진술하였다. 철학자-왕의 자격을 지닌 오직 극소수의 인간만이 사물에 투사된 빛이 형성한 그림자를 통하여 실상을 파악하려는 의지와 함께 능력을 지닌다. 여기서 그림자는 일상생활의 상징이며 사물을 비추는 빛은 동굴 밖에 존재하는 선의 형상을 상징한다.[1]

기독교 교리도 하늘나라가 인간의 고향이어서 인간의 개념을 방랑자로 한정한다. 기독교 교리와 플라톤의 인간관은 근본적으로 차이가 있기는 하지만, 인간 개개인이 영원한 영혼을 지닌 유일한 존재를 믿는다는 점에서 공통점이 있다. 기독교에 따르면, 정의란 인간 행동을 적절한 때에 가장 형평 원리에 맞게 통제하는 기준이며, 의로움이란 시간을 초월하여 정당화될 수 있는 행동의 성질을 가리킨다. 기독교 교리는 모든 인간이 이러한 틀에서 만들어져서 시간을 넘어서 이를 따를 운명을 지녔다고 본다. 그러므로 기독교는 인간이 비록 시간과 문화에 매여 있기는 하지만, 어느 정도 영속성을 공유하는 존재라고 할 수 있으며, 기독교의 자아관은 인간 경험의 유한과 무한의 두 극단을 고려해야 한다고 주장한다.

이와는 달리, 미드, 린턴Linton, 카디너Kardiner와 듀이는 인간과 환경 간의 상호작용을 고려한 인성 이론을 주장한다.[2] 자아의 본질과 인성의 의미를 보는 이들의 이론은 자연주의에 속하여 초자연적인 해석을 하지 않는다. 듀이는 인간이 환경 속에 존재한다는 의미를 상자 안에 들어있는 동전이 아니라 태양과 토양 속에 자라는 식물에 비유한다. 듀이에게 도덕적 통제는 실생활에서 유용하다고 입증된 쓸모 있는 경험을 통하여 얻어낸 살아있는 지식에서 비롯된 것이다. 양심도 이러한 자연주의적 맥락에서 설명할 수 있는 개념이어서 기독교와 플라톤처럼 초자연적인 맥락에서 설명할 필요가 없다.

미드의 사회적 상호작용론에 따르면, 아이는 태어나서부터 자아를 소유하지 않는다. 어린아이의 행동이 산만한 것은 활동의 순환에 따른 것으로 해석할 수 있다. 유아는 타인이 자기에게 보내는 반응 또는 자기 내부 경험에 대한 만족감 때문에 무엇을 어떻게 해야 하는가를 배우게 된다. 영아기와 이후 유아기의 한동안 아이에게 자각이란 거의 없으며 자기관찰은 분명히 존재하지 않는다. 생리적인 기본 욕구를 즉각적으로 충족시키기 위한 바람에서 어린아이의 행동은 자기 자신에게서 유출되어 다른 사람에게 흘러간다. 이때부터 다른 사람을 지각하는 징후를 보이기 시작한다. 이를테면 자기의 행동에 타인이 반응하기를 기대할 때 입술, 혀, 손을 사용하여 자기 생동을 통제하기도 하며, 시간이 지나면서 이는 미소와 같은 인지적 표시로 나타난다. 달리 말하자면, 아이는 다른 사람이 자기에게 기대하는 바에 따라 행동을 통제하고 수정하는 방법을 배워간다.

이것은 자아가 형성되는 원리를 간명하게 보여주는 미드 이론의 한 예이다. 그에 따르면 자아 정체감은 한 사람의 행동이 아니라 타인과의 상호작용에서 비롯되어 형성된다. 그 상호작용은 한 사람이 다른 사람을 지각하고 나서 그들과의 관계를 설정한 다음 어떻게 행동해야만 할 것인가 그리고 그에 따른 반응을 수행할 능력이 되는가를 생각하는 것을 말한다. 이러한 방식으로 행동을 창출한다고 생각할 수 있는 역량을 갖춘 다음에야 비로소 자아 개념이 형성되기 시작하며, 행동이 창출되는 것은 여러 가능한 행동 중에서 선택함으로써 또는 행동 선택의 여지 없이 결정된 것이 있다고 판단될 때 비롯된다. 자아의식은 곧 유아가 경험이 쌓인 결과물로 상당 기간 독자적인 실존 의식을 갖게 되었을 때 형성된다.

미드의 자아의식 개념은 어린아이가 타인이 자기에게 기대하는 것에 대한 반응을 보다 시간을 들여서 조직된 형태인 그의 역할을 취득하는 이론으로 발전된다. 어린아이는 엄마가 내뱉는 어휘와 어투, 동작과 몸짓을 통해서 자기가 원하는 바에 대하여 엄마가 어떻게 반응하는가를 감을 잡게 된다. 이 과정을 아이는 자기 경험에 반영하고, 정신분석학에서 말하는 투입introject으로 엄마의 행동을 자신의 것으로 받아들인다. 아이는 엄마와 자기 사이에 형성된 상호작용이 전반적으로 어떤 것인가를 그릴 줄 알게 된다. 그렇게 함으로써 아이는 엄마의 행동에 맞추어 자기가 어떻게 해야 하는지를 지각함으로써 역할이 무엇인지 파악하게 된다. 이를 미드는 조직화된 역할이라 하였다. 이러한 방식으로 아이가 경험함으로써 아이는 자기 자신을 대상으로 보는 능력을 갖추게 되며, 시간이 지남에 따라 다른 사람처럼 자기 자신을 보려는 노력에 관심을 기울이게 된다.

여기서 흥미롭지만 매우 까다로운 해석상 난점이 일어난다. 2~3세 아이들은 자기가 원하는 바를 다음과 같이 표현한다. '지미Jimmy는 이걸 원해요.' '수잔Susan은 이걸 좋아해요.' 이를 두고 심리학자들은 아이가 마치 타인이 자기에게 말하는 것인 양 말하는 능력으로 보고, 쿨리Cooley가 '거울에 비춘 자아looking-glass self'라고 칭한 것으로 자기 자신을 드러낸다.[3] 해석상 난점은 아이가 자기 자신을 학습하는 방법에서 제기된다. 인칭 대명사인 'I'라는 어휘는 자기의 고유명사인 이름을 배우고 사용할 줄 알게 된 이후에 습득하게 된다. 이전까지 아이가 겪은 모든 경험은 자기를 '지미'라고 부른 데 따른 것이므로 그 이름이 곧 자기 자신과 연합되어 겪은 경험이다. 고유명사의 약칭인 모든 대명사는 아이가 어느 정도 언어적 능력을 성취한 연후에 사용할 수 있다. 아이가 '수잔'과 '나'라는 어휘가 동일 인물임을 인식하는 데에 어느 정도 어려움이 있는 것이다.

이러한 난점을 지적하면서도 내가 말하고자 하는 바는 아이들 스스로가 짜놓은 가상 상황에서 빠져 연기하면서 여러 가지 역할을 자기 자신에게 부여한다는 사실이다. 아이들이 스스로 부여한 역할에 귀 기울여 보면 한 가지 역할 다음에 다른 역할을 하면서 그것에 자기 자신을 연기자로 참여시킨다는 점을 알 수 있으며, 여기서 아이들의 파악력이 어느 정도인가를 짐작할 수 있으며, 다른 사람이나 사물에 자기 자신을 얼마나 정확하게 그리고 어느 정도로 복잡하게 연관시키는지 알 수 있다. 우리가 흔히 목격하듯이, 어린아이들은 그릇이나 도구를 사용하면서 엄마 역할을 실제로 연기하거나 상상하면서 가장make-believe을 통한 가족들과 일상적인 일을 이어간다. 어느 경우에는 간호사, 소방관, 군인, 점원, 고객, 학생이 되기도 하면서 아이들은 여러 가지 역할에 대한 실험극을 함으로써, 적어도 이론상으로는, 다른 사람들이 어떻게 행동하는가를 깨달아 간다. 어린아이들을 연구하는 많은 학자가 그들의 역할 놀이의 유연하고 다양한 가능성을 강조한다.

어린아이들은 다소 개별적으로 노는 경향이 있다. 다른 사람의 행동이 그들의 놀이 공간에 침범하게 되기도 하며, 3~4세쯤 되면 2명 이상이 함께 노는 경우에도 각각의 아이는 자기 나름의 놀이를 추구하면서 서로 다른 사물을 가지고 별개의 놀이 행동을 연출한다. 아이들은 다른 사람들을 자기 자신으로부터 따로 떼어내고 이들을 자신만의 환상적인 세계를 구축하는 데 소환하는 능력을 갖추고 있다. 대략 7~8세쯤 되면 아이들은 타인을 포함하는 놀이를 하는 것을 볼 수 있으며, 이 경우에 편을 가르거나 팀을 짜는 일을 하는 것을 발견할 수 있다. 이러한 놀이에 게임의 규칙과 같은 형식적인 것은 형성되지 않는데, 그 이유는 이 나이의 어린아이들이 성인이 즐기는 게임이 포함하는 형식적인 규칙들을 감당하기 쉽지 않기 때문이다. 그럼에도 이 나이의 아이들이 놀이에 편을 가르거나 팀을 이룬다는 사실이 중요하다. 여기서 남녀 아이들이 집단적 편 가르기를 통하여 가차 없이 누군가를 배제하는 일이나 모방 행동과 그 기술 정도를 습득하고 있음을 알 수 있다.

〈아동의 언어와 사고〉에서 피아제Piaget는 자기중심적 발언과 사회적 발언을 구분한 바 있다.[4] 자기중심적 발언에는 다른 사람의 관점을 이해하거나 의견을 교화하고자 하는 의도가 전혀 포함되어 있지 않다. 이를 바로 피아제는 '집단적 독백collective monologue' 또는 '의사 대화pseudo-conversation'라고 명명하였다. 다른 한편 사회화된 발언에는 화자가 실제로 청자에게 말을 건네면서 어떤 대답이 나올까를 생각하면서 자기 생각을 전달하면서 자기를 이해시키려는 시도가 포함되어 있다. 피아제에 따르면, 아이들은 7세에 이르기까지 자기중심적으로 사고하고 행동하고, 그때까지는 생각이 교환되어도 대부분 타인의 관점을 고려하지 못한다. 피아제는 7~8세 이전의 아이들은 대부분 자기 자신을 제외한 다른 관점을 가지고 이해하는 지적 장치를 지니지 못한다고 보았다. 피아제에 따르면, 이 또래 아이들은 자기의 사적인 생각조차도 스스로 분석할 수 없어서 이보다 나이 많은 아이들이나 성인들이 다른 사람의 관점에 비추어 행동해야만 하는지를 고려하려고 노력하는 방식으로 자기 생각이나 주장을 점검할 수 없다고 한다.

수잔 아이작스Susan Isaacs와 동료들은 세부적인 면에서 피아제의 관점을 비판하면서, 피아제가 제시한 일부 자료는 다른 맥락에 처한 아이들의 행동을 설명하지 못한다고 지적하였다. 그들은 2~3세의 아주 어린 나이에도 아이들은 사회적 감각을 스스로 의식할 수 있다고 주장한다.[5] 하지만 상당히 타당한 증거 자료를 통해 연령상 인지적 차이를 주장하는 피아제를 비판한다고 해도, 학령 이전의 아이들이 이보다 나이 많은 아이에 비하여 자기중심적 언어와 사고의 경향이 뚜렷한 것은 사실이며, 이점이 곧 피아제가 주장하는 어린아이들의 사회적 발달과 맥을 같이 한다.

9~10세에서 사춘기에 이르면, 아이들의 역할이 다른 사람들이 자기를 어떻게 생각하는가에 집중되어 있음을 알 수 있다. 이 나이의 아동은 자신의 사회적 자아를 발달시킨다. 그 증거는 아이가 참여하는 놀이에서 일어나는 변화를 통해 얻을 수 있다. 이때쯤에는 아이는 축구, 하키와 같은 팀 게임에 참여하기 시작하며, 자신의 맡은 역할을 수행하기 위하여 다른 팀원의 역할이 무엇인지를 이해해야만 한다. 경기의 규칙에 따른 통제를 훨씬 수월하게 이해할 수 있게 되고, 드디어 전략의 차원에서 사고할 줄 아는 단계에 이르게 된다. 이 국면에 이르면 패거리 행동이 시작됨을 알 수 있으며, 이것은 상당 부분 의식ritual의 형태로 드러나며 상징적 코드에 자신을 복속시키기도 한다. 이렇게 행동함으로써 아이는 집단이 정한 수행 규칙에 참여하고 이에 따른 책임감을 감수하게 되면, 역할 수행에 근거한 상호 준수 행동을 경험하기 시작한다.

마치 구체적이고 특정한 경험을 통하여 추상적인 개념을 발달시키듯이, 다양한 역할 수행을 통하여 일반적인 태도와 가치관을 형성하게 된다. 유아기에는 부모, 형제자매, 친구와 친지들을 접촉하면서 자아개념을 형성하게 되지만, 이후에는 사회제도와 더욱 직접적으로 접함으로써 가치관을 형성하게 된다.

이를 가장 입증해 주는 곳이 학교이다. 아동기에 필요한 많은 역할은 성인의 통제와 복종에 따라야 하고 같은 또래 아이들과 공동으로 추구하는 교육과정이 존재하는 학교에서 습득된다. 놀이 집단, 교회, 정보와 오락거리를 제공하는 대중 매체, 더 나이 들면 스카우트와 선도부와 같은 자율기구에 참여함으로써 우리는 우리 자신을 보기 시작하는 데, 그것은 같은 또래 아이들과 성인과 같은 타인은 물론이거니와 사회적 관습상 필요해서 우리 자신이 기대하는 행동 양식과 이상에 비추어 이루어진다.

사회적 성숙함과 책임감의 정도는 얼마나 많은 인간관계에 참여할 수 있는가에 달려 있지만, 그것은 동시에 자기 자신이 하고 싶은 역할과 되고 싶은 인간상으로부터 정교하게 걸러져야 가능하다. 어린아이는 일상적으로 수긍하는 만큼 인성 발달이 이루어져 있지 않다. 그 이유는 아이가 미드가 '일반화된 타인generalized others' 또는 '정합적인 역할integrated role'이라고 칭한 속성을 갖출 만한 시간이 부족해서다. 왜냐하면 일반화된 타인과 정합적인 역할은 공동체의 도덕적 기대와 아이가 처한 상황에서 자신이 책임감을 느끼기 시작할 때 요구되는 개인적 선택을 토대로 이루어지기 때문이다.

융Jung뿐만 아니라 마르크스도 자기주장을 개진하는 데 요구되는 가면mask에 관한 언급을 한 바 있다. 인간은 자기에게 주어진 소명을 수행하고 어떤 성품을 드러내야 하는가를 정해주는 사회적 관련 속에서 자기 능력을 표출한다. 여기서 말하는 인품은 은폐하고 싶은 바람직하지 못한 자아를 의미하지 않는다. 우리는 사람의 인품을 위장된 형태로 생각하기도 하지만, 여기서 말하고자 하는 인품이란 그 사람이 어떻게 행동하기를 기대하는 사람들을 염두에 둔 상황에서 어떻게 행동해야 하는가를 반영하는 일종의 표현 양태이다. 이처럼 난해한 문제를 미드는 '아이I'와 '미me'라는 두 가지를 자아를 설명하려고 하였다. 그는 자아를 하나의 실체라기보다는 '아이'와 '미' 사이에 실제처럼 일어나는 대화의 과정이라고 하였다.

'미'라는 개념은 한 사람이 자기 자신을 표상하는 역할 행동을 선택할 때 겪는 의식적 경험에 타인의 생각과 태도를 통합된 조합이라고 말할 수 있다. 이 중에서 많은 역할 행동은 공동체가 우리에게 수행하기 기대하는 것이다. '아이'라는 개념은 변화를 모색하는 주도자 또는 행위자로서 자아이다. 모레노Moreno는 '아이'를 자기 추진 행동으로 정의하였다. 우리가 책임감, 개성과 일관성 및 자의적 선택이라는 개념을 설명할 수 있는 것은 바로 '아이'의 영역에서다. '아이'의 개념 없이 책임을 물을 수 없고 기대하지 못했던 창의적인 경험이란 있을 수 없다. '미'의 다양한 영역이 사회 문화적 훈련이나 특정한 시공간적 설정에 의존하는 반면, '아이'라는 개념은 경험을 주도적으로 이끌어간다는 점에서 자기동일성을 드러낸다.[6]

여러 가지 형태로 드러나는 '미'를 하나로 인식하게 하는 중요한 요인은 우리가 지위를 획득하는 과정에서 찾을 수 있다. 우리는 성장하면서 타인이 우리에게 부여하고 또 반대로 우리가 타인에게 부여하는 지위에 수반된 가치를 수용한다. 자존감은 타인이 생각하는 자신의 입지에 대한 견해에 자기를 돌아보는 자아 관련 태도로 드러난다. 자존감은 동기의 중심에 있으며, 안과 밖으로부터 가해지는 통제가 만나는 자아의 영역이기 때문에 삶을 영위해 가도록 한다. 지위는 선호의 정도에 영향을 받는다. 어린아이들은 부모가 기대하는 바에 따라 동일시하지만, 우리는 많은 경험을 겪게 되고 또 다양한 역할을 인지함에 따라 우리가 사랑하고 존중하는 사람이 기대하는 역할을, 그 외의 다른 역할을 수행하고 싶더라도, 선호하게 된다. 어떤 역할에는 죄의식과 비난이 수반되지만, 또 다른 역할에는 승인이 따르기도 한다.

시간이 지남에 따라 우리는 이러한 일련의 선호 체계를 내면화하여 의식적으로나 무의식적으로 열망을 조절해 간다. 어린아이건 성인이건 간에 기필코 해내고자 하는 바에는 주변 사람들이 성취하고자 하는 바가 반영되어 있다. 통상 경쟁사회에서 부모가 자녀에게 거는 기대감이나 성인 스스로 열망하는 바는 어느 정도는 현재 시점에서 당장 성취하기 쉽지 않다. 이러한 열망은 경력에 대한 기대감으로 연관되어 있다. 젊은 남녀가 출세할 수 있는 것은 자기 자신을 능가하는 지식과 경험을 가진 사람이 있으며 그것을 능가하려는 성취 기준이 있는 사회에서 가능하다.

사회는 성취 수준과 개인의 열망 수준 사이에 벌어지는 정도를 교묘하게 조정하면서 동시에 성취하고자 하는 목표를 달성하는 데 요구되는 내용이 무엇인지를 알려준다. 내가 보기에 우리 문화에서도 성공의 정도를 물질적 차원에 방점을 찍고 규정하도록 한다. 비록 부유함의 정도가 어떤 것인지 일치된 견해는 없지만, 우리는 사회적 전반에 걸쳐 물질적 부를 욕망한다. 마찬가지로 공동의 노력으로 이루어내는 성취에 비하여 개인이 이루는 성취를 중시한다. 경쟁은 우리 서구 문명에서 높이 평가받는 성취 수단 중 하나이며, 협동은 그만큼 평가받지 못한다. 적어도 상공업 분야에서는 그러하다. 하지만 이런 측면은 협동을 덕목으로 여기는 농경사회에서는 타당하지 않다. 적어도 농경사회에서 생존을 위하여 전적으로 요구되는 것은 협동이다.

윌리엄 제임스는 개인의 사회적 자아는 그가 동료로부터 받는 인식에 의하여 형성된다고 지적한 바 있다. 우리는 우리 동료들을 곁에 두고 지내는 단순한 군집 동물이 아니며, 자기주장을 펴면서도 우리 자신을 인식하고자 하는 깊은 욕망을 지니고 있어서 사회적으로 선호하는 바와 인정받을 수 있는 점을 고려한다.[7] 그는 인간은 자신을 인식하는 이미지를 마음에 두고 행동하게 하는 여러 가지 사회적 자아를 지니고 있다고 주장한다.

미드의 접근법은 자아는 우리에게 그저 주어진 것이 아니라 사회적 경험을 통하여 발현되는 존재라는 전제로 인하여 높이 평가받는다. 책임은 우리가 태어날 때 가지고 나온 특질이 아니라 학습을 통하여 겪을 수밖에 없는 기회에서 비롯된 것이다. 즉 책임감을 가지고 행동한다는 것은 사회적 성숙을 의미하는 것이며, 우리는 시간이 지남에 따라 책임감이 무엇을 의미하는 것인지를 인식할 역량이 갖추게 된다.[8]

이러한 분석은 성격 훈련character training은 지적인 경험과 사회적 경험을 모두 겪어야 이루어진다는 점을 강조하는 앵글로·색슨 국가의 전통과 맥을 같이 한다. 예를 들어 사립 기숙학교를 들 수 있는데, 이 학교는 아이들에게 사회적 행동을 통하여 책임감을 가르치는 전략을 구사하는 대표적인 교육기관이다. 여기서 영국식 교육 접근법이 지적 성취와 서적의 중요성을 강조한 유럽 대륙 국가의 교육방법과 큰 차이가 드러남을 알 수 있다. 또한 과거 설교와 강론에 의존하였던 영국 기숙학교 전통은 곧 직접적 지시, 계율, 모범사례를 통하여 학생들이 모방함으로써 일반화된 '나me'를 형성하도록 하였다. 미드와 듀이는 이 방식이 분명히 나름대로 교수 방법으로 입지를 구축하지만, 더욱 효과적인 방법은 인간관계를 형성하는 공동체 생활에서 찾을 수 있다고 하였다. 왜냐하면 책임감과 같은 자질은 사상을 획득하거나 해당 사안을 하나씩 지적으로 이해한다고 얻어지는 것이 아니기 때문이다. 교육자는 학생이 담당해야 할 역할을 타인의 기대에 부응하여 수용하는 행동을 통하여 책임감이 획득되도록 학습설계를 하는 일을 자신의 과업으로 삼아야 한다. 심지어 공립 문법학교와 사립학교를 막론하고 스포츠와 모든 종류의 교외 활동은 이러한 점에서 여러 세대를 내려오면서 그 가치가 인정되었다. 이러한 원리를 토대로 각종 청소년 훈련이 이루어진다는 점은 매우 흥미롭다. 이러한 방식에 따라 다양한 활동에서 포부 수준이 향상되었으며, 이상적인 '나me'를 구현할 열망이 고조되어 도덕적인 양태까지 갖추게 되었다.

핫숀Hartshorne과 메이May의 기만deceit 연구에 따르면, 정직, 진실함, 신의와 같은 도덕적 특성들은 어느 상황에서나 덕성을 드러내는 하나의 인격으로 통합된 특성이 아니다. 그들은 도덕적 자질에서 높은 점수를 받는 사람들은 상황에 따라 도덕적 강도를 달리 하면서 행동한다고 주장한다. 따라서 한 상황에서 다른 상황으로 자동적으로 넘어가면서 똑같이 적용되는 도덕적 특성이란 존재하지 않으며, 심지어 종교적인 이상도 일반화된 덕목이라고 할 근거가 없다는 것이 그들의 주장이다. 자신의 직업상 정직하고, 부도덕한 짓을 전혀 하지 않는 충실한 남편인 사람이 성실한 납세자라는 보장은 없다.[9]

어떤 관념적 성향이 광범위한 행동 영역으로 확장되고 그중 어떤 행동은 흥미 있는 사실을 제공해 준다는 점을 밝힌 이 분야의 많은 연구가 있지만, 핫숀과 메이의 연구가 단연 돋보인다. 그들에 따르면, 아이들은 자신이 권위적 순응 상황보다는 무엇을 어떻게 행동해야 하는지를 파악할 수 있는 상황에서 잘 따르려는 경향을 보인다고 한다. 교육 상황이나 일상사에서 핫숀과 메이가 제시하는 내용이 교육적 성공을 이끌 수 있다는 점은 분명하므로 다음과 같은 상황을 설정하는 것이 중요하다. 즉 아이들 자신이 채택한 사회적 방식을 통하여 스스로 배워나가는 것이 교육적 권위에 근거하여 모범적 사례나 교훈을 제시하여 아이들이 이를 수용토록 하는 것보다 바람직스럽다는 것이다. 교육적으로 제시하는 어떤 처방도 원천적으로 나쁜 것은 없지만, 그것을 현장 현장에 적용하고자 할 때 왜곡될 수가 있다. 이를테면 '내가 하는 대로 한번 해봐' 또는 '이런 상황에서 네가 할 수 있는 것을 스스로 찾아서 해볼래' 대신에 '내가 말한 대로 따라 해봐'라고 할 수 있기 때문이다.

교육 방법의 하나로 역할 수행을 언급하면서 우리는 집단 내 유인가, 보상, 동기유발 등의 수단을 통하여 집단 활동의 틀을 짤 수 있다는 점을 염두에 둔다. 이 상황에서 책임 의식과 양심이 아이들로 하여금 서로 간의 행동을 의식하고 기대하면서 행동하도록 하여 상호 통제가 일어난다. 모레노는 행위자의 관점에서 역할을 고려하는 것이 그 사람의 성격이나 자의식을 고려하는 것보다 더욱 바람직스럽다고 한다. 성격이나 자의식은 초심리학적 신비함으로 쌓여 있어서 구체성이 떨어지기 때문이다.

만약 교육자가 자아 발달을 고려해야만 한다면, 자아의 두 가지 측면이 혼동되지 않도록 작동하는 '미me'와 '아이I'의 개념을 사용해야 할 것이다. 선택 행위와 행위 그 자체가 경험적으로 의미를 가지려면 행위가 발생하면서 난관에 봉착해야만 한다. 무슨 말인가 하면, 우리의 기억 속에서 그런 행동을 끄집어내어 이전에는 어떠했는가를 되짚어 본다. 여러 가지 행동 유형 중에서 어떻게 할 것인가를 결정하는 것이 곧 '아이I'를 형성한다. 그렇지만 여기에 그치지 않고 선택하는 자아에 따라 붙잡기 어려운 측면이 드러난다. 자아감과 자아 인식의 연속성의 개념이 그것이다. 과거에 어떤 행동을 해본 결과 경험을 획득하여 자신을 인식하는 것만이 아니라 사람은 예견할 수 없는 상황에서도 어떤 행동을 해야 한다는 자신을 인식하게 된다. 이와 같이 과거, 현재, 미래에 관련된 인식이 플라톤주의자, 기독교인, 관념론자 그리고 사회심리학자들이 중시하는 자아 정체성을 자리 잡게 만든다. 그러나 이러한 관념론자들의 사고에서 발견할 수 없는 측면이 미드의 연구에 숨어 있다.

관념론자들은 도덕적 인성은 자아의 능력이 증진되고 추론 능력이 예리하게 발달하는 등 각 개인의 발달에 따라 성장한다고 주장한다. 그들은 도덕적 딜레마 상황에 대응하는 데 장애가 되는 협소한 편견의 제거에만 초점을 맞춘다. 물론 관념론자들은 각 개인의 민감하면서 타당한 반응에 주목하지만, 이 방법에 대한 구체적인 언급이 없다. 결국 자신의 철학적인 견해에 비추어 심리학적 문제를 풀어가려고 한다.

자아에 관한 사회학적 이론은 미드가 그러했던 것처럼 관념론자가 주장하는 철학적 입장에서 출발하지 않는다. 미드는 가장 먼저 자아는 형이상학적 실체가 아니라 시간이 지남에 따라 이루어지는 행동과 반응의 과정일 뿐이라고 주장하였다. 자아는 타고 태어난 본유적인 실체가 아니라, 경험으로부터 구축된다. 그러므로 자아를 정의하는 일부터 자아를 형성하는 사회적 과정에 비추어 이루어져야 한다. 인간은 자아의식을 갖도록 해주는 독특한 심리적 기제를 부여받은 존재이지만, 인간 생존의 외적 환경 속에서 인성이 이루어지며 그러한 사회적 맥락에서 자아의식을 형성하게 하게 된다. 미드는 이와 관련하여 다음과 같이 말한 바 있다. '마음은 외부 환경을 사회적으로 받아들여서 개인의 행동으로 변환시켜서 일어나는 문제에 대처하도록 기능하는 그 이상도 이하도 아니다.'

이러한 주장은 미드가 인간만이 지니는 독특한 지위가 무엇인가 하는 본질적 문제를 피하는 것처럼 보일지도 모른다. 미드의 시각은 이러한 형이상학에 머문 것이 아니라 사회적 상황 속에서 성장하면서 얻어내는 심리적 기제에 맞추어져 있다. 자아를 지속하는 개념 '아이I'는 불가사의한 개념으로 비출 수 있을지 모르지만, 미드는 이를 통해서 다양한 경험을 겪는 자아의 자기 규제와 통합에 초점을 맞추고자 하였다. 미드가 불가사의한 '아이I'에 대하여 유보적 입장을 지님으로써 이론적으로는 관념론자들도 그의 이러한 자아 분석 개념을 수용할 수 있을지도 모른다.

모레노는 자아를 '내용 자아content self'와 '행위 자아act self'를 구분함으로써 미드와 유사한 문제를 지적한 바 있다. 우리가 지어낸 많은 것 중에는 기억의 단서를 제공하고, 과거 문화를 보존하고 지속하고자 하는 역량도 있다. 예를 들어서 인쇄 매체, 사진, 각종 기록물에 의지함으로써 우리는 과거 사건 또는 이전 경험과 생생하게 재회할 수 있으며 나아가서 그것을 토대로 새로운 삶을 꾸려갈 수 있다. 이처럼 우리의 노고를 덜어주는 장치들은 시간과 에너지를 절약해 줄 새로운 가능성을 열어주기도 하겠지만, 여가 시간의 증가로 삶을 오히려 무기력하게 할 수도 있다. 이처럼 과거의 경험을 의미있고 생생하게 접할 수 있다는 어마어마한 장점이 있음에도 불구하고, 도시 일상생활은 우리로 하여금 현재 삶에 풍부한 경험을 제공하지도 못하고 미래에 대비하지도 못하게 하는 측면이 있다. 이는 우리가 선대에 비하여 좋은 정보를 획득할 유리한 처지임에도 불구하고 자립적이지 못하며 스스로 만족하지 못함을 뜻한다. 오늘날 현대인이 부득이하게 갖게 된 처지는 어느 누구도 인간 경험의 단편 이상을 알지 못하며, 어느 한 개인에게 물어서 해소할 수도 없는 거대한 지식의 양이 존재한다는 점이다. 결과적으로 우리는 모든 판단과 행동은 편파적일 수밖에 없다는 인식에 무력화될 수밖에 없으며, 또한 정보를 습득하기 위해서 우리가 편의를 도모하기 위하여 만들어 낸 기계에 다시 의존할 수밖에 없다. 이를 두고 모레노는 인간의 자유가 인간 스스로 창조해 낸 로봇과 기계에 의하여 위협받고 있다고 극적으로 표현한 바 있다.

이 모든 결과는 현대 사회가 안고 있는 딜레마가 만들어낸 기이한 모순이다. 우리는 확신에 차서 더욱 많은 기계를 생산해 내고, 더욱 신속하고 효율적인 온갖 종류의 작업 방식을 고안해 낸다. 이 점에서 우리는 변화하고 진보했다고 할 수 있을지 모르지만, 우리가 확신에 차서 무엇을 해야 할지 알지 못하며 우리에게 제공되는 기회를 어떻게 활용해야 할지도 모른다. 그러므로 우리는 한편에서 명시적으로 우리 자신의 능력을 확신하면서도 다른 한편으로는 만성적인 불만에 가득 차 있다. 왜냐하면 한편에서 발명의 순간이 있으면 다른 한편에서는 이에 따른 자기 멸망 가능성을 위태롭게 인식해야 하기 때문이다.

모레노는 인간은 창조자라고 주장하면서, 교육이 이러한 신념에 근거하여 교육원리를 마련하여 교육의 제반 사항이 이루어져야 한다고 역설한다. 1941년 동료 및 문하생과 함께 발간한 모노그래프에서 오토 랭크Otto Rank는 이 주제를 다룬 적이 있다. 인간은 독창적인 존재이며 창조자이므로, 어떤 사람도 다른 사람을 대신할 수 없다. 교사가 뛰어난 능력을 지닌 학생을 만날 수는 있지만, 교사가 그 학생을 천재가 될 인물이라고 한다든가, 심지어 바보나 낙오자라고 단정할 수 없다. 그것을 결정할 수 있는 것은 그 아이 앞에 놓인 기회를 살리고 그에 따라 잠재력을 발휘하도록 자신의 삶을 스스로 결정하는 것만이 유일하다. 어떤 심리적 실험과 검증이 타당하더라도 이를 대신할 수는 없다. 이러한 취지에서 랭크는 심리치료에서 사용하는 계획된 방식이 아닌 인간 상호 간에 주는 도움을 제안하였다. 각 개인은 통상적인 교육에서 무시되거나 간과되었던 자신 내부의 비합리적인 욕망에 끌려서 많은 경험을 하게 된다. 이러한 측면에서 랭크는 자신을 왓슨, 헐, 스키너로 이어지는 심리공학에 반대한다고 선언한 바 있다. 동시에 그는 자아의 숨겨진 욕구를 무제한 배출하자는 것이 아니며, 각 개인으로 하여금 자신의 내적 한계와 심리적 역량을 수용하면서 동시에 주변에서 가해지는 외적인 제약을 자신의 자유로운 의지에 따라 받아들이도록 해야 한다는 점을 매우 진지하게 지적한다. 랭크는 프로이트의 정신분석학이 지나치게 결정론적이어서 자율성과 자기 책임감이 건설적으로 발달하는 것을 막고 있다고 믿고 있다. 그에 따르면 프로이트의 이론이 강압적 행동이나 신경증적 태도와 행동을 설명하는 원인을 제공하지만, 건설적인 창의성을 주도하는 특성을 설명하지 못한다는 것이다. 따라서 랭크가 생각하는 바와 같이, 심리치료와 교육의 목적은 조절이 가능한 수동적인 적응에 맞추어져서는 안 된다. 심리치료와 교육의 목적은 개인이 발휘하는 자율성과 잠재된 역량을 끄집어내서 실현하는 데 있다.[10]

제10장
창의 교육

모든 사람은 만족스러운 경험을 추구하는 심리적 에너지를 가지고 있다는 역동 심리학 입장에 동의한다. 랭크의 주장처럼, 우리도 자발성을 강조할 수도 있고, 조건화와 이에 따른 통제를 강조할 수도 있다. 늘 겪는 일상생활과 교육 현장에서 이 둘 중 어느 입장을 취할 수 있다. 랭크는 통제란 외적 조건에 종속되는 것만이 아니라 창의적인 노력의 결과라고 주장한다. 그에 따르면, 의지는 충동과 금지라는 동력이 기능적으로 작동함으로써 인간 행동을 정합적으로 균형 잡는 힘이다. 그 결과 의지는 명백하게도 자유롭게 드러낸 자기표현 과 통제되어야 마땅한 것을 스스로 받아들이는 자기 수용 금지라는 양자 간의 패러독스에 직면한다. 따라서 우리는 의지를 상반되었다고 스스로 단념할 문제가 아니라, 의지를 성취해야 할 주제로 받아들여야 한다는 점에 집중해야 한다. 이때 성취는 막무가내식 완벽성이 아니라 창의적인 기조에서 성취와 야망을 끌어낼 만족스러운 유인책을 고취하는 것을 가리킨다.

창의적인 행동을 언급할 때면, 우리는 정상을 벗어난 수준 높은 독창적인 성취를 뜻하는 경우가 흔하다. 이는 내가 이 장에서 염두에 둔 창의성이 아니다. 산술과 지리를 공부하는 아이를 대상으로 한 연구에서 사례를 뽑아서 예시를 들 수도 있지만, 여기서는 음악의 사례를 통하여 예시하도록 할 것이다. 왜냐하면 많은 이들이 음악은 논쟁을 삼기 어려운 신비스러운 측면이 있다고 생각하기 때문이다.

사실 음악은 일차적으로 예술이 아니라, 개인들이 행동에 뭔가를 가미하고자 유별난 감정을 표현하는 방식이다. 하지만 우리 사회에서 음악은 나름대로 규칙과 형식과 함께 사회적으로나 지적으로 인정받는 위상이 있다. 간혹 우리는 음악을 특별한 기법을 공부해야 습득할 수 있는 표기법을 가진 예술의 한 형식으로 간주한다. 작곡가의 작품이나 연주자의 연주로 음악을 간주하기도 하고, 악보를 이해해서 나름대로 방식으로 재창출하기 위하여 음악의 형식으로 써 내려간 표현으로 간주하기도 한다. 이것은 모레노가 문화적 보수주의로 지칭한 음악의 특징이다.

그렇다고 내 말을 오해해서는 안 된다. 나는 지금 이러한 방식으로 음악이 발전해 왔다는 것이 불완전하다고 말하려는 것이 아니다. 예술은 원초적 충동을 보다 세련된 형태로 단련시켜야 한다는 것은 분명하다. 하지만 많은 사람이 다른 장르의 예술과 마찬가지로 음악을 뛰어난 재능을 가진 사람들이 창출하고 연주하는 것으로 여긴다. 즉 음악은 고도의 기량이나 독창적인 창의성을 요구한다고 여긴다. 또 작곡, 지휘, 성악 및 기악의 영역이 있다고 믿는다. 이런 관점으로 보면 음악은 우리 에너지가 발산하여 음향이나 노래로 발현되는 것으로 이해될 수 없다.

근래 들어서 우수한 연주가 격조 높게 재생산됨으로써 대중들에게 쉽게 전파되어 우리가 음악에 관한 일반적 지식을 쉽게 접할 수 있게 되었지만, 이와 동시에 우리가 감상하는 수준과 우리 스스로 성취하는 수준 사이의 간격은 더 벌어졌다. 물론 저명한 오케스트라가 연주하는 명곡을 듣고 있노라면 감정적인 대리경험을 하는 것은 사실이지만, 우수한 연주는 많은 사람이 음악을 통한 자기실현에 도전하는 것에 장애가 되기도 한다. 우리는 여전히 음악을 일반인 수준에서 따라가기도 벅찬 천부적 재능을 지닌 일부 소수 사람만이 창출한 산물로만 여긴다. 서양에서 음악을 대다수 일반인들이 저절로 창출해 낼 가능성은 없다. 그럼에도 불구하고, 최근 학교에서 어린 아이들이 자기 방식으로 노래하고 연주하기 권하고 있어서 천만다행이다. 이는 음악을 하나의 예술 형식으로 여기기는 해도 기본적인 수준에서 음악이 자발적으로 만들어 내는 소리 활동이라는 근거이다.

우리는 영유아 시절부터 역동적 에너지가 흘러나와 사회적으로 수용하는 형태로 바뀌는 경우를 목격할 수 있다. 아이들은 말하고, 걷고, 그리고, 쓰고, 셈하기를 배운다. 환상과 놀이 영역에서 아이들은 자신만의 사적인 세계를 구축하고, 그것은 시공간과 사회적 영역으로 결합한다. 아이가 자신의 자발적인 에너지를 제어하여 나름대로 분출하는 방식은 모든 형태의 창의 교육을 이해하는 데 매우 중요하다. 뭔가를 하려는 각각의 시도에는 대부분 경우 예견되는 행위를 미리 조망함을 전제로 한다. 그래서 아동의 상상력을 키우면 그만큼 환상의 세계 영역이 넓어진다. 따라서 성인의 주된 과제는 가능하면 동작, 발언, 노래, 촉각, 미각에서 도출되는 표현을 구속하지 말아야 하며, 어린 나이에 자의식을 갖는 것이 자율적 행동에 도움이 되지 않는다는 오해를 하지 않는 것이다. 우리는 아이들이 너무 어려서 그들의 사적 세계와 우리가 아는 세계 사이의 관계를 알 수 없다고 생각해선 안 된다. 부모와 교육자가 지녀야 할 교훈은 '아이에게 이래라 저래라 하는 것'이 아니라 '있는 그대로 두는 것'이다. 이를테면 아이들이 언어를 자연스럽게 배우게 해야 하며, 언어를 배우라고 강요해선 안 된다. 발달 초기에 용기를 북돋는 것은 자신감과 자발성을 기르는 데 있어서 헤아릴 수 없을 만큼 중요하다. 반복적으로 고치라 하고, 거부하고, 하찮게 여기고, 하지 말라 하면, 나중에 소심한 사람을 만든다. 걷기, 말하기와 그 외 신체 발달이 더디거나 장애가 나타나는 것은 일상생활 속에서 대부분 극복하게 된다. 자기 자식이 선천적으로 능력이 부족한 것인지 의심하면

서 부모가 내는 조바심은 오히려 가족 구성원에게 긴장감을 조성하게 만든다.[1]

성인에게는 거의 찾아보기 어렵지만 음악과 예술과 관련된 의도적으로 구하지 않았을 때 얻어지는 장점은 어느 분야이건 간에 어린아이들에게 특출한 기량을 기대하지 않는 데서 찾아진다. 우리가 현재 가진 아동 발달 지식에 비추어 보아도 아동의 음성이나 근육 발달이 발달 초기에 특출한 기량을 낼 만큼 충분하지 않음을 알고 있다. 따라서 독·서·산에 요구되는 기량을 요구한다는 것은 아동에 대한 압력이라고 할 수 없다. 이에 덧붙여, 최근의 사례에서 볼 수 있듯이, 예술 교육은 아이들의 자발성을 북돋고 지원하는 것을 강조하는 데 집중하고 있다. 이론과 실제 면에서 어린아이들을 가르치는 교사에게 이러한 태도가 요구되는 것이 대세임은 매우 고무적인 일이다.

나이를 먹어가면서 학교에서 배운 것에 더욱 매달려야 하기 때문에, 우리는 우리가 원하지 않는 것에 집중해야 하고 싶지 않았던 일에 대하여 심혈을 기울여야 한다는 사실에 직면하게 된다. 우리는 학생들이 어느 때 어느 곳에서건 자신에게 주어진 일을 하기 원한다고 기대할 수 없지만, 그래도 자발적 에너지 분출 원리를 활용한다면 학생들이 기꺼이 새로운 경험을 붙잡고 씨름할 마음 자세를 갖도록 하는 일종의 지침을 얻을 수 있다. 학교 공부하기 꺼리는 청소년들을 다루는 경우에도 그들의 어릴 적 형성된 금기 사항을 찾아서 당면 문제를 이 원리에 적용하여 해결할 수 있을 것이다. 어떤 경우에 이전에는 번번이 실패와 지루함을 느꼈을지도 모를 회화나 공작과 같은 새로운 학습활동에 아이들은 기대하지 않게 안도감을 지니며 성취를 이룰 가능성을 생각하는 것은 헛된 망상이 아니다. 이전에 금지와 공부에 관한 논의에서 언급한 것처럼 우리가 학습 과정을 개인의 인성 전체가 몰입하는 것으로 간주해야 하는 것은 바로 이러한 이유 때문이다. 물론 경쟁이나 사회 현상으로서 지위 획득의 중요성을 인정한다고 하더라도, 이러한 장점은 심리학적으로 파헤치면 결국 개인의 정서적 삶에서 발견된다는 점이다. 이를 학교보다도 확실하게 입증할 수 있는 곳은 없다. 이를테면 수학을 가르치는 데 있어서 실패는 이러한 사실을 지나쳤으며 학생들이 미술이나 드라마에서 성취를 이룰 수 있다는 자신감을 찾을 수 있도록 기회를 주어야 한다는 점을 기꺼이 인정하는 학교나 교사는 거의 없다. 우리는 교육과정을 아이들이 자발적인 성취를 이룰 수 있는 일종의 도구로서 여겨야 하며, 아이들이 실패를 겪지 않아야 하며 심지어 아이들이 성취할 수준이 아니라는 판단에 따라 교육과정을 구성해선 안 된다.

성취 수준을 강조하는 이들이나 성공은 노력의 산물이고 실패는 게으름의 산물이라고 여기는 이들에게 랭크의 자발성 이론spontaneity theory이 높은 수준에 맞추어져 있다는 사실을 덧붙여 말할 필요가 있다. 결정적인 차이는 곧 아이들 마음속에 높은 수준의 성취하려는 태도가 있는가에 달려 있다. 랭크는 정신적 에너지가 열정을 지닌 방향으로 몰입한다고 믿어서 아이들이 좋아하는 일에 몰두해야 한다고 본다. 그에게 있어서 충동은 갈등이 없이 기울이는 심리적 노력의 집중에서 비롯된다고 보았기 때문이다. 아이들의 심리적 역량을 전혀 고려하지 않으면서 존중되어야 할 유일한 척도가 시험 성적이라고 믿는 교사가 너무 많은 것이 문제다. 많은 교사와 심리치료 전문가의 경험에 따르면, 아이들의 학습 실패의 근원이 초기에 내려진 금지와 열등감으로 추정되기 때문에 각 개인 모두가 지니는 자발적 충동에서 비롯된 성공 기대에 연계하는 새로운 학습 체제를 다시 구축하는 것이 가능하다.

어느 경우에는 심리치료사와 환자 사이에 개인적 관계가 심지어 문제의 본질과 해결 방법을 찾는 데 도움이 되기도 하여 재활치료에 필수적인 것이 틀림없지만, 이것은 개연성에 그칠 수 있어서 분명 현실적인 방안이 아니다. 어색함과 실패를 줄이는 가장 현실적이고 성공적인 방법은 집단 활동을 통한 것이다. 집단 활동을 동원하면 그 구성원 사이의 상호 공감을 얻어내서 학습 성과를 북돋우는 자신감을 얻어낼 수 있다.

많은 교사가 자신들은 새로운 학습 방법을 모두 익히기엔 너무 늙었으며 또한 자신들이 가르치는 아이들이 공감과 배려를 나약함의 징표로 오해할 수 있어서 이러한 아이디어를 거부하곤 한다. 이에 그치지 않고, 완고한 학교 규범은 상당한 교육 폭력과 권위주의를 양산하는 데 일조하게 된다. 가장 중요한 점은 교사가 랭크의 자발성 이론을 현장에 성공적으로 적용하려면 자신의 잠재적 에너지를 방임 상태로 두고 자신의 파괴적 성향, 교과 전통주의와 두려움을 거두어 낼 태세를 하는 것이다. 이는 교사가 자신이 가르치는 아이들이 지닌 긍정적, 부정적 동기가 무엇인지를 제대로 이해하려고 시도해야만 한다는 것을 의미한다. 교사는 이러한 방향에서 교육과정이 자신에게 도움이 되도록 시도해야 한다. 예를 들어서, 학생들이 써낸 숙제를 통해 그들의 교외 활동이 어떤지를 파악할 수 있고, 그들이 무엇을 좋아하는지 그리고 싫어하는 것은 무엇이며 그 이유는 무엇인지를 파악할 수 있다. 학교 밖의 사회적 접촉, 학교 안이더라도 교실 밖에서 이루어지는 학생들의 대화를 통하여 교사와 학생 간의 형식적 접촉을 완화할 수 있을 것이다. 마찬가지로 학교 행정업무 분장에서도 아이들이 이러한 여건 속에서 어떻게 행동하는지를 감안하여야 할 것이다. 물론 모레노가 개발한 그룹 내 구성원들의 관계를 측정하는 사회성 검사지와 같은 형식적, 비형식적 검사지가 있는 것이 사실이며, 통찰력을 길러주는 데 적합한 성격 검사지가 이미 구비되어 있다. 교육과정에 담긴 여러 교과를 통한 성취를 학교가 공식적으로 정한 과업을 교사와 모종의 관계를 맺으면서 수행할 때 아이들이 하고자 하는 일이 어떤지를 구상하는 데 도움이 된다.

학생이 써낸 숙제가 교사의 이해력을 증진하는 데 도움이 되듯이, 학생이 제작한 미술이나 드라마 작품도 도움이 된다. 실제로 모레노는 진단의 수단으로서 그리고 자신의 심리학 이론에서 가능한 치료 수단으로서 사회극과 심리극 기법을 개발해 내었다.[2] 하지만 나는 그가 개발한 기법이 교육과정의 한 부분으로 아이들에게 직접 적용된다고 보지는 않지만, 그의 기법이 작동하는 원리는 학교에서 충분히 활용될 수 있다고 생각한다. 실제로 이러한 용도로 사용되고 있다. 같은 맥락에서 회화에서 선정된 주제와 실행 방법도 안목 있는 교사에게는 유용할 것이다.

〈레인보우〉의 작가 로렌스D. H. Lawrence와 다른 소설가들은 학교 교실에 존재하는 증오와 적개심을 설득력 있게 묘사한 바 있다. 교사는 어느 직업의 사람보다도 학생과 자기 자신에 대한 파괴적 성향을 드러낸다고 한다. 더욱이 교사는 학생들이 자신을 권위의 상징체와 동시에 한 개인으로 대하는 태도를 전제로 하여 교실 현장을 파악하고 있다는 중요한 사실에 주목할 필요가 있다. 이에 따라 교사가 교실에서 자신의 권위를 토대로 하여 헤쳐 나가는 방식은 분개하는 행동으로 자신을 끌려가게 할 수밖에 없다. 하지만 교사는 자신과 학생에게 자발성과 창의력을 발휘할 기회가 학교에 주어져 있다는 사실을 알아냄으로써 스스로 행복과 성공의 기회를 부여하기도 한다. 많은 억압과 압력이 신경증의 잠재적 원인이다. 교육에서 권위주의적 방식으로 통제하려는 태도는 종종 학습 자체에 부정적인 결과를 초래한다. 교사는 스스로 다음과 같이 물어야 한다. '나는 내가 시킨 것을 학생들이 반드시 수행해야 하거나 내가 가치 있다고 알려준 지식을 아이들이 받아들여야만 한다고 여겨야 하는가, 아니면 지식을 자발적으로 성장하는 자아에 도움이 되는 상징으로 받아들이도록 해야 하는가?' 이 질문은 수사적으로 표현한 것처럼 보이지만 반드시 그런 것도 아니다. 이 질문에 정직하게 답을 하고자 하는 사람이라면 누구나 엄격한 자기 검증을 통하여 파괴적인 경쟁을 유도하고 사회와 학교에서 짊어져야 할 책임을 회피하는 지식을 동원하지 않았는가를 면밀하게 검토해야 한다.

많은 아이의 마음속에 수업은 판에 박힌 일상이라는 사실은 우울한 진실이다. 이렇게 생각하는 학생이라면, 교육과정에 포함된 새롭고 진취적인 문제이건 나침반을 가지고 지도 속에서 자신의 길을 모색하려는 도전을 하건 간에, 그들은 결코 예상하지 못한 상황에서 겪을 흥분의 순간은 맛보지 못할 것이다. 여가-노동의 이분법을 떠나서 게임이 높이 평가를 받는 이유 중 하나는 노력을 끝까지 경주하여 끝나는 최종 순간까지 결과를 알 수 없다는 데 있다. 몇 해 동안 살렘Salem과 고든스토운Gordonstoun에 소재한 자신의 학교를 운영하면서 한Kurt Hahn은 개별 도전을 교육에서 어떤 요소보다 더 중요하다고 강조한 바 있다.

창의 교육이란 아이들 자신의 의지가 작동할 때 이루어진다. 이때 의지는 단순히 걸음걸이, 이야기, 놀이와 같은 단순한 기술에서 나올 수 있으며, 정제되지 않았더라도 아이만의 자발적인 성취에서 나올 수 있으며, 또한 신체적 활동이나 지적 활동에서 비롯될 수도 있다.

1915년 듀이는 다음과 같이 말하였다. '현재 추세는 개인의 마음을 마음 자체가 작동하는 것이 아니라 사회적 삶이 기능하는 것으로 보기 때문에, 마음은 사회적 주체들로부터 지속적인 자극을 요구하며 사회가 공급하는 데서 자양분을 얻어낸다.'[3] 이러한 추세는 최근 들어서 더욱 뚜렷해지며, 교육에서 개성의 진정한 뜻을 새기는 자아 인식을 북돋아 주는 것이 다른 어느 것보다 중요하다. 이것이 가치를 두어야 할 교육목적이며 듀이가 주장하는 바에 따라 대응하는 방편이 된다. 오늘날 이러한 목적을 실현하는 데 요구되는 심리학적 전제조건에 집중해야 한다는 것이 이 장에서 강조한 주요 논점이다.

제11장
문화와 인성

사회학자들은 자신이 속한 사회와 문화 속에서 개인이 수행한 어떤 역할로 인하여 자아가 형성되는지를 알고자 하는 관심을 지닌다. 사회학자들은 행동양식의 형성과 학습, 신념, 이상, 사회적 용도를 지닌 사물과 도구 등을 모두 문화로 설명한다. 예를 들어서 서양은 의자에 앉아 생활하는 습관을 지니고 있어 어려서부터 이를 익히도록 한다. 동양에서는 바닥에 앉아 생활하는 습관을 지니고 있어서 이에 따른 서양과 다른 풍습을 지닌다. 우리는 먹고 자는 일상에 익숙해 있어서 심지어 허기를 느끼는 시간마저 문화적으로 정형화되어 있다. 영국 사람들은 개, 고양이와 말을 비롯한 동물들을 좋아하는 것으로 알려져 있으며, 이에 따라 아이들에게 동물에 대한 좋은 감정을 전달하는 데 적극적이다. 다른 나라에서는 소가 성스러운 동물로, 돼지는 지저분한 동물로 여겨진다. 모든 영국인이 동물을 좋아한다고 할 수는 없을지라도 이러한 태도는 영국 아이들에게 동물을 대하는 유연한 입장을 갖게 하지만, 인도와 유태인 아이들에게 이러한 태도는 그들의 종교적 신념과 단단히 결부되어 확고한 입장을 갖게 한다.

가족 문제로 관심을 돌려 보면, 발달 초기 단계부터 받아들이는 가족 관계 경험의 패턴을 확인할 수 있다. 본서에서 유아가 초기 단계에서 엄마로부터, 이후에는 아버지와 다른 가족 구성원으로부터 겪는 경험의 중요성을 여러 차례 언급한 바 있다. 프로이트는 인성 구조의 중요한 한 축인 가족 삼각관계를 설정한 바 있다. 이처럼 가족에 대한 태도는 부모–자식 관계만이 아니라 친족 구조와 남녀 결합에서도 확인할 수 있다. 어떤 문명권에서는 결혼은 당사자가 아닌 부모와 중요한 가족 구성원이 맺어주는 것이 관례이다. 또 어떤 문명권에서는 처녀성이 매우 중요한 가치를 지니며 여자아이는 결혼 전까지 보호받아야 할 대상이다. 하지만 어떤 문화에서 혼전 성관계를 맺을 자유가 비정상적인 것은 아니며 혼전에는 처녀성을 지켜야 한다는 데 크게 기대를 걸지 않는다.

지위 관계는 사고와 감정의 습관을 결정하는 또 다른 차원이다. 기사도 전통에 따라 여성이 어떻게 존중받는가와 중국 문화에서 장유유서가 중요함을 확인할 수 있다. 오늘날 서양에서는 두 세대가 함께 사는 가족 형태가 가장 바람직한 것으로 여겨지지만, 인류학자들은 씨족 또는 부족 형태의 가족이 아이들의 성장에 이와 다른 중요한 의미가 있다고 보고 있다.

현재 서구 사회에서 양육 방식이 아이들이 장차 형성하게 될 세계관에 영향을 주는 초기 경험을 결정해 준다는 데 이견이 없다. 수유 방식이 여러 가지 양태로 나타남을 알 수 있다. 아이들이 젖을 달라고 할 때 먹이는 경우도 있지만, 시간에 맞춰 정기적으로 수유하는 경우도 있다. 어떤 문화에서는 수유가 엄마와 아이에게 모두 만족을 줄 만큼 충분한 시간을 가져야 하지만, 다른 문화에서는 수유가 가급적 감정이 드러나지 않도록 서둘러 이루어져야 한다. 어떤 경우에는 젖을 떼야 한다고 하지만, 또 어떤 경우에는 아이가 .2세 심지어 3세에 이르도록 젖을 먹여야 한다고 한다. 이에 비추어 어떤 가족이나 부족은 아이들을 관대하게 여기면서 존중하는 관습을 갖고 있지만, 다른 부류에서는 아이들은 나서지 말고 얌전히 있어야 하고 심지어 어른에게 대항할 수 없을 정도로 아랫사람으로 복종해야 한다는 관습을 갖고 있음을 알 수 있다.

모든 문화에서 갈등과 이해충돌을 해결할 방책이 강구되어 있지만, 역으로 그것이 미래 행동을 제재할 걸림돌이거나 장애로 작동한다. 예를 들어, 사법체제는 사회의 비난과 처벌을 받을 만한 행동을 규제할 형평 원리를 구현하는 장치이다. 그 결과 법은 한편으로 사회가 가치를 두는 행동이 무엇인지를 드러내고 다른 한편으로 입법 취지에 어긋난 반사회적 행동을 저지른 사람을 저지할 수단을 제공할 의도를 드러낸다.

물론 자기주장을 봉쇄하지 않고 합법적으로 허용하는 문화가 형성되는 경우를 발견하는 것은 어렵지 않다. 예를 들어서, 자기주장을 쉽게 펼 수 있었던 초기 사회에서 이러한 성향은 전쟁놀이나 사냥, 또는 고되고 격한 운동과 같은 호전적인 것으로 드러났다. 하지만 오늘날 모든 이들은 전쟁은 피할 수 있다면 그 방식을 따라야만 한다고 믿고 있다. 그 결과 우리는 미래에 호전적인 결과를 자초하는 어떤 것도 바라지 않는다. 오늘날 시장공급을 통한 도시 생활이나 노동 분화와 수요 공급 원리에 기반한 국제사회 질서를 통해서 이러한 호전성을 찾을 수 있다고 할지 모르지만, 그렇다고 야만적인 사냥이 필요하지도 용납되지도 않는다. 그래서 우리는 사회화된 전쟁 형태로서 집단 게임을 고안해 내었다. 경쟁은 이러한 게임을 대표하는 전형이다. 복싱, 육상이나 테니스처럼 직접적으로 다투는 경쟁도 있지만, 역도와 등산처럼 기록 경신이나 자기 도전 형태의 경쟁도 있다.

우리는 이미 인간 행동은 그 자체로 심리적 에너지의 분출이라는 점을 지적한 바 있다. 분출 양상으로서 행동은 우리가 이를 문화 차원에서 고려하고자 한다면 명백한 형태와 내적인 정합성을 지녀야 한다. 우리는 인간이 자신의 경험을 반추하여 환상의 영역을 창출할 능력을 갖고 있어서 어느 문화에서나 내적 세계를 갖고 있으며 동시에 스스로 만들어낸 도구를 구성원들과 함께 삶의 수단으로 삼아서 외적 성취를 이루어낸다는 증거를 가지고 있다. 이에 따라, 신화, 종교, 예술, 사법 체제, 정부, 각종 사회적 승인 기준은 모두 문화의 표출이라고 볼 수 있다.

역사상 균형 잡힌 시기에 문화는 그만큼 안정된 형태를 갖추고 있다. 아이가 형식적, 비형식적 교육을 통하여 습득하는 방법과 기준은 아이가 겪을 이후의 경험에 의하여 강화되며, 특히 이미 겪었던 좌절에 대한 심리적 보상이 주어졌을 경우에 그 강화는 뚜렷하다. 예를 들어서 빅토리아 시대의 여성들은 남성에 비하여 상대적으로 부차적인 지위를 유지했으며, 이것이 여성들에게 여러 가지 방식으로 적개심을 키워주었을지도 모른다. 하지만 이것이 다시 고소득층에서는 여성상과 엄마에 대한 이상을 그려내는 보상 작용도 하였다. 또 다른 좋은 예를 들자면, 사람이 태어나서부터 영지에 종속되고 이를 신정 체제에 따라 오랫동안 유지되었던 사회질서인 중세 봉건제도를 들 수 있다. 봉건제도는 자기 자신이 속한 영지에 따라 분류되고 신이 이 질서를 지지한다는 점에서 카스트 제도와 유사하다. 이 질서에 반문하는 것은 곧 신을 부정하는 결과이기 때문에 이 질서가 유지될 수 있었다. 따라서 이 세계의 어디에 귀속되어 있는가는 곧 교회가 인도하는 방식에 도움을 받아 하늘의 축복을 받기 위한 준비였기 때문에 사회적 복지 따위는 아예 고려 대상이 되지 못하였다. 그 결과 사회적 위계질서는 공고하였으며 오랜 기간 의문 여지 없이 지속되어 왔다. 개인 차원의 신앙을 존중하는 프로테스탄트와 대담한 모험을 즐기는 개인 위주의 자본주의가 서유럽 사회에 등장했을 때 봉건주의가 무너진 것은 결코 우연이 아니다.

사회가 급속하게 변하면, 아이들이 성인의 안정된 삶을 준비하는 학습이 무력하다는 것을 종종 목격할 수 있다. 지난 전쟁 기간 지하에 갇혀 살아온 아이들에게 드러난 문제를 생각해 보라. 부적응, 교활함, 공포, 조숙하지만 주도적인 사태 파악 등과 같은 그들의 영유아기 경험은 전후 질서를 어떻게 회복할지를 고려하는 데 있어서 극복해야 할 장애 요인이다. 그들의 유아 경험은 생존을 위해서라면 무엇이든 물불 가리지 않는다는 측면이 있다. 하지만 이는 평화 시기에 교사가 주도면밀하게 아이들을 고려하여 가르칠 학교 교육의 규범이 될 수는 없다.

문명사회에서 우리는 전통을 이을 연속성을 가지고 아이들이 성장할 수 있도록 조치해야 하지만 동시에 변화를 인식하고 이에 대응하고 나아가서 주도할 수 있는 역량을 구비하도록 해야 한다. 16~17세기 파격적인 종교개혁이 자신이 주도했던 사회변화에 어떻게 다시 대응했는가를 살펴보는 일은 흥미롭다. 가톨릭교회가 중재자 역할을 했던 제도에 대항하여 개개인이 신에 접근할 가능성을 입증하기 위하여, 종교개혁은 가시적인 사회적 관계를 통제하는 사제를 개인의 내적인 양심에 관여하는 지위로 변화시켜 버렸다. 이 진술은 사태를 단순하게 묘사하였지만, 모든 가치 판단과 선택을 주관하는 힘과 근거가 바뀌었다는 점에 주목하도록 해준다.

가톨릭교회는 항상 미묘하고 심오한 입장을 견지해 왔다. 이를테면 교회에 반대하는 데 대하여 사제는 형벌을 가할 만큼 절대적인 지위를 갖고 있었다. 개신교 목사는 이러한 권력이 없으며 개별 신자들이 스스로 발심하여 신에게 직접적으로 탄원할 수 있는 특권을 갖고 있었다. 구원의 책임 소재가 신자 개개인의 신앙심과 행동에 달린 만큼, 개신교는 현세를 기쁨에 찬 긍정적인 것으로 보고 이에 따라 학교가 아이들의 세속적 욕망을 다루어야 한다고 보았다. 여기서 우리는 원죄와 절제를 강조하는 기독교에서 개인의 자유라는 변칙을 허용함을 알 수 있다. 이에 더하여 세속의 재산을 불신하는 교리가 현세의 성공이 곧 신의 축복이라는 교리와 상충하게 됨을 알 수 있다.[1]

프로테스탄트 사상이 발전하면서 드러난 이러한 사례는 오히려 피상적인 현상일 뿐이다. 더 복잡한 문제로 안정과 변화를 반영하여 조기 교육을 어떻게 계획해야 하는가를 들 수 있다. 경쟁과 성취는 학교 시험에서부터 주식시장에 이르기까지 우리 사회 모든 영역에서 명백하게 공인된 가치이다. 순응, 상호 적응, 기대 행동 등은 또 다른 공인 가치이지만, 앞의 것과는 명백하게 모순된다. 그럼에도 이 두 가지 축은 모든 교육이 추구하려는 가치이다. 한편으로는 독창성, 창의성, 책임감, 자발성이 개성을 갖추며 살아갈 개인에게 중요한 자질이다. 다른 한편으로는 순응, 준수, 복종심, 공공 의식, 적응력 등은 공격성을 누그러뜨리고 사회적 소속감과 이익을 존중할 개인에게 중요한 자질이다.[2]

내가 여기서 일관되게 밝히고자 하는 주된 논점은 이 두 가지 경향이 둘 중 하나를 선택할 사안이 아니라는 점이다. 우리는 둘 중 하나를 희생하여 다른 하나를 실현해야 한다고 생각하기 쉽다. 그럴 수도 있고 실제로 그렇게 해왔지만, 철학자, 심리학자, 사회학자가 생각한 바를 토대로 교육 현장을 면밀하게 관찰하여 적시 적절한 교육정책을 마련함으로써 두 가지를 모두 고려할 수 있다.

철학자들은 어떤 교육 원리가 마련되어야 하는지를 내놓아야 한다. 이를테면 우리 모두 사회 일원이라는 진리를 실현하기 위하여 어떤 지식을 가르쳐야 하는가, 어떤 진리 검증 방식을 채택해야 하는가, 모든 이의 능력에 맞는 기회를 제공하는 방책은 무엇인가, 지적 능력과 함께 정서적 역량의 함양이 왜 필요한가, 어떠한 교육과정과 수업이 요구되는가를 다루어야 한다. 여기 열거한 이 원리들은 우리 모두가 추구하는 공동의 규범이며, 교육철학자가 독창적으로 제안할 수 있는 교육목적을 모두 담는 가치여야 한다.

그러면 이러한 교육목적을 어떻게 실현할 수 있을까? 우리는 어디서 갑자기 튀어나와 어른으로 성장하지 않는다. 우리가 이해하고 있는 생물학적 심리학적 방식에 따라 성장한다. 앞서 교육목적을 속성으로 달성할 방법은 없기 때문에, 아동의 생리적 심리적 자질과 아동이 처한 모든 환경에 비추어 실현될 수 있다. 우리는 많은 경우에 아동의 초기 경험 상태에서 앞서 언급한 성인의 관점에서 설정된 교육목적을 실현하는 것이 불가능하다는 점을 인식해야 한다. 어린

아이들을 어떻게 다루어야 하고 아동의 초기 경험과 이후 성장에 어떤 영향을 미치는지를 교육심리학이 공헌할 것이다. 하지만 모든 심리학적 지식과 인과관계 연구 분석이 모든 사실을 예측하고 통제할 수 있는 것은 아니다. 교육은 어떤 사람이 획득한 지식을 가지고 행한 결과 형성된 그 사람의 됨됨이라는 격언이 있다. 하지만 심리학에 따르면 어떤 단일 궤적을 따라 형성되는 자아는 없으며, 교육을 받은 사람은 교수와 학습 사이에 오묘하게 존재하는 차이를 통하여 값진 경험을 한다는 것이다.

철학적 원리와 심리학적 기여 이외에도 현존하는 문화의 독특한 내용과 학습자가 처한 환경이 중요하다. 교육이 어떻게 이루어져야 하는가를 공헌하고자 한다면, 정리, 경제, 역사, 과학, 예술 등 가능한 모든 정보를 수집하고 탐구해야 한다. 왜냐하면 교육이라는 활동은 중요하다고 여겨지는 내용을 문화에서 추출하여 교육목적으로 삼기 때문이다. 이렇게 추출된 교육목적은 부분적으로는 교사에게 영향을 준 문화 그 자체이다. 그렇기는 하지만, 그것은 교사 개개인이 임의로 선택한 내용이 아니라 그 각각은 전체 문화가 우리에게 시의적절하게 영향을 준 결과이다. 이로 인하여 우리는 미래가 어떨 것인가에 합당한 지식을 추출해 볼 수 있으며 이에 따라 짊어져야 할 교육적 책임이 무엇인가를 고려할 수 있다. 그러나 이러한 미래 예측은 인지적으로 걸러진 예측일 뿐이어서 확증할 수는 없다.

이런 사안들을 모두 고려하면서 우리는 문화적 정당성을 지닌 교육과정을 고려해야만 한다. 여기서 문화적 정당성이란 아이들이 하고 싶은 욕망과 역량의 차이를 정확하게 인식하고 미래에 판단을 내리는 데 확신을 갖도록 심리적으로 배려하는 일을 가리킨다. 그리고 이 모든 고려 사항들은 자신이 어떤 교육목적을 설정하였으며 내가 지금까지 밝힌 것처럼 이를 성취하기 위해 어떤 노력이 요구되는지를 파악하는 사람들의 머리에서 나온다.

자율적 개인을 기르기 위한 교육은 우리 모두가 공동체 일원이라는 점을 확실하게 인식할 때만 가능하다. 그렇지 않다면 자율성을 위한 교육은 우리에게 노이로제와 정신병을 가져다줄 것이다.

제4부
사회학적 요인

제12장
제1차 집단과 그 교육적 중요성

우리는 인간이 가장 뛰어난 집단을 이루며 사는 양 사회생활 영위를 언급한다. 사실을 말하자면, 인간은 자신의 인격 형성에 영향을 주는 수많은 집단에 속한 채 살고 있음에 틀림없다. 사회사상은 오랫동안 자의적으로 개인과 사회라는 두 가지 개념에만 집중되어서 매우 편협하게 해석되었다. 이런 방식에 따르면, 집단 현상은 개인 현상을 산술적으로 추출한 결과일 뿐이다. 이를 입증하기 위하여 일견 이와 모순되어 보일지 모르는 플라톤의 〈국가론〉의 한 예를 보기로 한다.

앞서 언급한 바 있는 제7권 앞부분에 나오는 동굴의 비유는 각 개인을 각기 합당한 집단에 할당하는 것을 보여주는 의도에서 나온 우화이다. 그러나 정작 플라톤이 관심은 선의 형상the Form of the Good을 찾아내기 위한 마음의 발달을 기술하는 데 있다. 동굴 깊숙한 곳에 안쪽 벽만을 보도록 묶여 있는 사람이 있다. 그리고 그들 뒤에는 동굴 벽을 넘어서 열린 길이 있다. 사람들은 그 길을 지나야 사물의 실상을 볼 수 있고, 동굴과 그 길을 벗어나면 거대한 불이 있다. 그래서 동굴 안 사람이 볼 수 있는 것은 오직 불빛에 의하여 동굴 내벽에 비친 사물의 그림자이다. 이와 마찬가지로 사람들이 들을 수 있는 소리와 언어는 모두 동굴 벽에서 반사된 울림일 뿐이다. 플라톤에 따르면, 이것이 모든 이들이 어려서부터 일상적으로 겪는 삶의 전반이다. 사람들 대부분은 그림자만 볼 수 있고 울림만을 들을 수 있는 지하에 갇혀 산다는 것이다. 오로지 철학자만이 동굴을 벗어나 태양 빛을 볼 수 있는 세계로 갈 수 있다. 철학자는 동굴에 갇혀 투쟁하는 그림자 삶과 실상을 비교할 수 있는 유일한 존재이며, 일상의 불빛과 태양 빛을 비교할 수 있는 유일한 존재이다. 법정이나 의회에서 벌이는 논쟁을 비롯한 일상에서 다투고 있는 것은 실재의 그림자일 뿐이다.

선의 형상은 알고자 하는 모든 사물의 존재를 파악할 수 있는 근원이며, 인간의 마음이 이러한 사물을 파악하고, 나아가서 최고 수준의 사물을 파악하게 하는 것도 역시 선의 형상이다. 플라톤은 이를 통하여 혹독한 수련의 과정을 견뎌낼 영혼을 찾아내는 데 관심을 기울였다. 이 문제를 놓고 글라우콘과 나눈 대화에서 소크라테스는 다음과 같이 말하였다.

> 한때 최상이었던 것의 일부라도 확신할 수 있도록 탐구하려는 훌륭한 본성을 지니는 것이 우리가 해야 할 임무일세. 이를 통하여 선을 인식할 수 있고, 그것을 언급할 수 있겠지. 우리 본성이 이런 일을 지속적으로 수행할 수 있다면, 우리가 즐기고자 하는 자유라고 용납해선 안 될 것이네. 우리 본성이 천박하건 격조 있건 간에 방종하지 말고 감옥과 같은 나락으로 떨어지지 않도록 모든 영욕을 감수해야 하는 것이네.

이어 자기 자신을 지킬 뿐만 아니라 도시 국가를 지키는 데 관여하는 수호자 계층을 언급하고 있다. 마치 벌집의 여왕이나 지도자처럼 수호자들은 어느 누구보다도 더욱 철저하고 훌륭한 교육을 받아서 공적 영역과 철학 영역을 담당할 능력을 갖추게 된다.[1]

이 비유를 통하여 우리는 지배 집단이 어떤 속성을 지니는지를 알 수 있고 이 책 후반부에 가면 그들이 지도자 책무를 다하기 위해 어떤 교육을 받아야 하는지를 알 수 있다. 플라톤은 지배 집단에 어떤 사람이 속하는지에 관심이 없었다. 단지 그는 지도층에 속하는 사람에게 필요한 자질이 무엇인지와 어떤 훈련을 받아야 하는지에 세심할 정도로 관심을 가졌다. 그럼에도 그는 이 문제조차 도덕 철학 입장에서 접근하였을 뿐 심리학이나 사회학 입장에서 탐구하지 않았다.

17세기, 18세기 그리고 19세기 소설가들은 점차 집단 현상에 대하여 이해하기 시작하였다. 데포Defoe와 제인 오스틴Jane Austen과 같은 작가들은 관습에 반응하는 행동 양식에 세심한 관심을 기울였다. 집단 현상은 개별적 심리 현상을 집산한 것이 아니라 집단 현상을 형성하는 실체가 존재하여 그것이 각 개인의 행동에 다양한 방식으로 영향을 준다는 사회학적 사고가 싹트기 시작한 것은 19세기에 이르러서였다.

그들 중에서 콩트Comte, 마르크스와 스펜서Spencer가 사회에 관하여 비교적 체계적으로 탐색하고, 사회 안에 여러 집단이 존재한다는 저술을 내기 시작한 인물일 것이다. 이에 더하여 19세기 사회지리학자, 인문주의자 그리고 소설가들의 공헌으로 성인이 직장에서, 가정에서 그리고 사교 클럽에서 달리 행동한다는 사실과 함께, 아이들은 가정에서, 친구들과 어울리며 그리고 학교 교실에서 다른 행동을 보인다는 점이 부각하였다. 이처럼 행동의 적절한 설명 방식을 얻어낸 것은 집단의 변화하는 조직특성 때문에 가능하였다.

쿨리C. H. Cooley는 제1차 집단과 제2차 집단을 구분함으로써 가정이 제1차 집단의 전형이 된다는 점을 밝혀냈다.[2] 가정은 가장 친밀하며 자연스럽고 다른 입장이 공유하는 집단이다. 쿨리와 미국 사회학자들이 인간 본성의 보금자리nursery라고 명명한 가정은 면대면 개인적 접촉이 가장 활발하게 일어나는 곳이다. 놀이집단, 이웃, 학급, 교회 그리고 동사무소도 삶의 질을 결정하는 제1차 집단인 것은 분명해 보인다.

제2차 집단은 그 구성원이 회담장의 대표단처럼 간접적인 접촉이나 보고서와 풍문과 같은 이차적인 접촉에 따라 이루어지는 집단이다. 제2차 집단의 특징은 관련된 구성원이 직접적인 접촉을 하기 어렵다는 데 있으며, 그 구성원은 기능적이고 단편적인 관계에서만 만족할 수밖에 없다. 기업이건, 정치조직이건, 교육기관이건 간에 거대한 조직이라면 이러한 제2차 집단의 특성을 지닌 인간관계에 의존할 수밖에 없다.

우리가 처음으로 성격 특성을 획득하게 되는 것은 가정이나 놀이 집단과 같은 제1차 집단을 통해서 가능하다. 우리는 일상 경험 속에서 이루어지는 면대면 접촉을 통해서 성격 특성을 선택할 수 있으며, 초기 아동기에는 좋아하는 인물을 보면서 특정 행동을 모방하게 된다. 이러한 특성의 습득은 결코 추상적인 관념에 이끌려서 이루어지는 것이 아니다. 예를 들어서 우리가 정직하고 점잖게 행동하는 것은 정직한 언행을 품위 있게 실행하는 부모를 통하여 그런 행동이 의미하는 바를 이해했기 때문이다. 즉 부모가 보여준 언행이 진실이고 품위 있어 보여서 이를 모방하려고 하기 때문이다. 제1차 집단 구성원의 유대 관계로 우리는 특정한 행동이나 태도를 드러내는 경험을 할 수 있으며, 추후 갖게 되는 도덕관념은 모두 이를 통하여 형성된 것이다. 우리는 초기 아동 경험에 관한 성인 모방 모형에 의존한다는 점을 별다른 부가 설명 없이 확인할 수 있다.

제1차 집단 구성원의 유대는 초기 성격 형성에 영향을 주는 특정한 개별 경험을 제공하는 것 이외에 사회적 결속과 같은 사회적 행동을 제공하기도 한다. 우리가 지닌 역량이 사회적 공유를 부정하는 자기만의 고유한 특성이라고 고집할 근거는 얼마나 되겠는가? 자라면서 우리는 다른 아이들과 같이 놀면서 협동하기도 하지만 다른 한편으로는 싸우기도 하지 않았던가? 공감, 애정, 분노, 의욕, 자만, 영웅 의식, 사회 정의감, 옳고 그름의 기준, 친절함, 형평 의식, 정직함, 대의 존중, 사회적 멸시에 대한 두려움 등과 같은 일차적인 태도는 아동 초기 경험에서 뿌리를 둔 것이다. 사회마다 그 양태가 다른 것은 인간의 태생적 본능이 아니라 사회마다 다른 제1차 집단 때문이다. 특히 안락함과 행복감은 앞서 설명한 것처럼 자발적인 성장 과정을 제공하는 가정을 빼놓고서 설명할 수 없듯이 제1차 집단을 통해서 얻을 수밖에 없다. 거의 모든 종교 덕목이 이와 같은 일차적인 덕목인 것은 결코 우연이 아니다.

아이가 접촉하는 집단이 많아짐에 따라 경험도 가족과 같은 특별한 관계를 넘어서 영역이 확장되며 그것은 행동 양식이 추상적인 수준의 도덕적 원리 형태로 일반화되는 데 기여한다. 그러므로 거대한 사회 조직의 삶을 규율하는 일반화는 일차 집단에서 획득한 태도와 정서들이 확장되고 개선되는 데서 비롯된다고 말할 수 있다. 기독교 교리를 예로 들어보면, 교리의 상당 부분이 가족과 같은 일차 집단에서 배운 태도가 사회로 확장되어 적용된다. 사랑, 협동, 충성심, 친절함과 유연함은 가정 내 삶에서 비롯된다. 그리스도께서 이러한 덕목이 공적 제도와 사회 전반을 구축하는 가치가 되길 소망한다고 설파한 바 있다. 말 그대로에 집착하면 만인을 형제처럼 사랑하라는 가르침은 불가능하지만, 이를 도덕적 이상을 이끄는 원리로 본다면 사회제도를 구축하는 기반이 될 수도 있을 것이다. 라인홀드 니버 Reinhold Niebuhr는 자신의 책 〈기독교 윤리의 해석〉에서 이를 '불가능한 가능성an impossible possibility'이라고 지칭한 바 있다. 약자를 위한 사회서비스 활동이나 민주적 원리는 형평equity, 평등equality 그리고 정의justice의 시각에서 비롯된 것이 사실이다. 이러한 덕목들이 인간적이라고 하는 이유는 이들이 태생적 본능에 따른 것이 아니라 협동, 정의감, 충성심이 가정생활을 바탕으로 형성되었기 때문이다. 그래서 제1차 집단에 뿌리를 둔 덕목들이 성장 이후에 경시될 경우가 있기도 하지만 우리는 이러한 덕목들을 도외시하면서 살아갈 수가 없다. 우리 모두 평화와 우정을 갈망하고 아무도 전쟁과 파괴를 원하지 않는다는 것은 자명한 이치다. 물론 일부 사람들이 전쟁과 파괴에 끌릴 수밖에 없다는 사실을 경우에도 그러하다. 전사

warrior는 민주사회에서 성장하는 아이들에게 더 이상 바람직한 모델이 될 수 없다.

불과 몇몇 가정이 모여 사는 조그마한 공동체 사회에서 민주적 이상은 매우 원시적 형태로 구현될지도 모른다. 사회가 발전하고 사람들 사이의 접촉도 확대됨에 따라 사적 관계로 맺어진 집단은 더 추상적인 조직으로 재편될 것이며 삶의 현장에서 사람들 사이의 심리적 거리감도 생길 것이다. 그 결과 단순한 공동체에서 경험할 수 있는 단순한 이상들이 더욱 추상적인 용어로 진술될 것이다. 예를 들자면, 경제 정의 원리는 보편 교육을 통해서 약자를 보호하고 동등한 교육 기회를 증진하도록 국가 의무를 규정하여 구현하도록 할 것이다. 우리가 아는 사회 발전이 인간 본성과 개조에 대한 근본 가치 변화를 도모할 수 없다면, 인간의 가족적 본능을 더욱 폭넓게 적용하도록 해야 할 것이다. 이때 쿨리의 분석법을 활용할 수 있을 것이다. 이러한 방식으로 제1차 집단의 중요성을 인식한다면 그것은 곧 가정의 의미와 영향력을 더욱 잘 이해할 수 있는 것이다. 따라서 오늘날 사회학자는 사회 전반에 걸쳐 영향을 주는 가족의 일반적 기능을 단순하게 고려하는 데 그쳐서는 안 된다.

이제까지 한 제안들은 제1차적 특성이 모두 좋은 것이라는 데 맞추어져 있지만 이를 일일이 입증할 필요는 없다. 아이들은 학교에 가면서 가정에 획득한 가치관과 태도들을 함께 가지고 가므로 교사들은 아이들의 가정 배경에서 비롯되는 긍정적인 요소와 부정적인 요소에 모두 대처해야만 한다. 내가 말하고자 하는 바를 입증하는 사례로 1936년 〈가정의 어린아이들〉이라는 제명의 아동 건강과 보호에 관한 백악관 회의 보고서를 검토할 필요가 있다.[3] 이 보고서는 전국 단위로 3,600개의 가정을 조사한 결과물이다. 가정의 사회경제적 지위에 따른 표집을 하고, 아이들의 가정 배경과 관심사를 경제적 요인과 상관관계를 찾아내고자 하였다. 연구 목적상 비교를 위하여 일곱 개 그룹으로 나누고, 제1계층을 전문 직종 그룹으로,

제7계층을 도시와 농촌의 일용 근로자 그룹으로 분류하였다.

가장 먼저, 주거 안정은 제1계층에서 제7계층으로 이동할수록 감소하는 것으로 나타났다. 제1계층의 절반이 자가 주택 소유자들이었으며, 제7계층에서는 4분의 1만이 자가 주택 소유자들이었다. 제1계층의 대부분은 5개 이상의 방을 가진 주택에서 살고 있지만, 제7계층의 경우에는 채 5분의 1도 안 된다. 놀이 시설로는 제1계층의 4분의 3 이상이 가정 내 정원을 가지고 있었으나, 제7계층의 경우에는 3분의 1에 불과했다. 사회경제적 지위가 낮아질수록 부모의 건강 상태도 악화하며 아이들의 건강 상태도 함께 악화한다. 상류계층의 절반이 넘는 엄마들이 아이들의 건강을 위하여 의사의 진찰을 받지만, 하류 계층은 이에 비해 10분의 1도 되지 않는다. 이는 잉글랜드에 비하여 의료비가 비싸고 전문의가 발달한 미국의 사정을 고려할 때 놀랄 만한 일이 아니다.

제1계층의 모든 유아가 정규적인 식사를 제공받는 데 비하여 제7계층은 3분의 2만이 그러하다. 제4계층에 속하는 농촌 아이들은 제1계층 아이들이나 제7계층 아이들과 비교하여 우유 배식을 제대로 받지 못한다는 점이 매우 흥미롭다. 제1계층의 어린아이들은 그 아래 계층 아이들과 비교하여 일찍 그리고 더 오래 잠을 잔다. 사실 제7계층 아이들이 앞서는 항목은 어려서부터 스스로 옷을 입는다는 점이다.

조사 대상인 모든 아이가 같은 종류의 공포심을 겪은 것으로 보였지만 이를 해소하는 방법은 계층마다 달랐다. 제1계층 아이 중 3분의 2가 자기들이 수긍할 만한 상황에 놓였고, 이는 부모가 아이들에게 상황이 무엇인지 이해하고 이를 해소하는 데 도움을 준다는 것을 뜻한다. 제7계층에서 이러한 일은 불과 5분의 2의 아이에게만 해당하였다. 행동 통제 방법으로, 아이들의 즐거움을 빼앗는 설득과 제재는 제1계층에서 통상 찾아볼 수 있는 데 반하여, 계층이 내려갈수록 이 방법보다는 비난과 체벌이 증가하였다.

연구 결과의 한 부분으로서, 이러한 사실은 아이들이 접하는 가정과 문화적 환경이 제공하는 조건이 계층마다 다르다는 점을 보여준다. 발달 기회는 태어날 때부터 상위 계층일수록 높고, 이는 근본적으로 아이는 부모가 제공하는 것 이상으로 자기 스스로 관심 분야를 넓힐 기회가 주어지지 못한다는 점을 말해준다. 부모가 능력이 없거나 불우한 경우에 처한 만큼 아이의 상황은 나빠진다.

백악관 주재 연구The White House Conference Study에서는 이른바 '적합accord' 가정과 '부적합discord' 가정으로 나누어 그 영향을 고려하였다. 그 결과 아이에게 보호, 안전, 생활지도 및 격려가 잘 이루어지는 가정을 '적합' 가정으로 보았다. 이 기준은 공동생활을 영위하는 데 그대로 적용되며 전통적 도덕 기준에도 그대로 부합하는 토대를 제공한다. 이 기준은 아이들이 처한 세상을 어떻게 해석해야 하고 거기서 무슨 일이 일어나는가를 설명해야 할 근거만 아니라 적합한 환경의 아이가 마땅히 보호받아야 할* 근거를 제시한다.

'부적합' 가정은 반대 현상이 나타난다. 이 가정에는 부모 사이의 끊임없는 갈등과 견해 차이가 나타나 아이는 가정 화목을 경험할 기회가 적으며 그 결과 아이의 정서 안정이 매우 위태롭다. 아이가 부모 중 한쪽에 맞추면 다른 한쪽 부모의 의중에 신경 써야 함을 알게 되고, 또한 자기가 대접받는 것을 다른 가정의 경우와 비교하여 자신이 무엇을 해야 만족할지 당황하여 부모가 자신에게 도움이 되지 못함을 알게 된다. 아이가 가정환경에서 느끼는 부적합함은 곧 향후 삶에 자신감을 불러일으키지 못하도록 하여 결국 아이는 가정에 대하여 저항하게 되고 가정 밖에서 비행을 저지르게 될 처지에 이른다. 결국 아이는 가정과 사회 전반으로부터 부당한 대우를 받고 있다는 감정을 지닌 존재가 되어 버린다.

---

* to temper the wind to the shorn lamb. 이 표현은 서양 속담에 실은 약자를 돕는다는 관용 속담에서 따온 것이다. God tempers the wind to the shorn lamb. 직역하면, 하느님은 털을 막 깎은 양에게는 모진 바람을 보내시지 않으신다. 즉 '적합한' 가정의 아이는 이미 관심과 배려 속에 보호받고 있음을 뜻한다. (역자 주)

느슨한 양육과 엄격한 양육의 차이를 비교한 왓슨Goodwin Watson은 아동에게 요구되는 가정사가 무엇인지에 관한 흥미로운 결과를 내놓았다.[4] 표집한 260명의 대학 졸업생 중 60%가 혹독한 훈육, 규칙적인 일과시간 준수, 주일학교의 꾸준한 참석과 같은 엄격한 양육을 받은 가정 출신이었다. 1930년대 초임에도 불구하고 대학 졸업생의 5분의 3이 이러한 가정 출신이었다는 점이 흥미롭다. 이런저런 가치 있는 의미를 모두 수집하려면 우리는 대학 설립 배경을 더 자세하게 알아야 할 필요가 있다. 왜냐하면 미국에서 많은 대학이 특정 종교 교파에 의하여 설립되었으며, 엄격한 행동 방침을 유지하고 있기 때문이다. 하지만 얼마 동안 초기 가정 양육 방식이 이후 행동과 태도 형성에 영향을 준다는 사실은 이 점에 대하여 중요한 쟁점이 아니었다. 억압적인 가정 출신 학생들이 양육이 느슨하거나 보통인 학생들보다 부모를 더 싫어했다. 기대했던 바와 같이, 그들은 유아기적 의존성을 과도하게 드러냈으며 심지어 초기 성인기까지 그러하였다. 또한 평균 비교 집단 출신보다 인간관계에서 다투기를 좋아하였으며 공포심과 죄의식을 드러내고 만족해야 하는 일에도 불만을 드러내었다. 아동기에 그들은 다른 아이에 비하여 같이 놀아줄 친구가 적었으며, 가식적인 놀이를 해 줄 친구가 많았던 것으로 보인다. 진정한 친구가 적었던 까닭에 같은 사회적 행동 패턴도 뒤늦게 나타났으며, 미국 문화에서 중시하는 약속을 파기하는 행동 양식을 보인다. 그들 행동의 대부분은 불확실함과 망설임으로 규정된다. 이러한 행동 성향은 그들이 장래 직업 결정을 하거나 취업 후에도 직업에 대한 불안정한 태도로 드러난다. 한 마디로 말하자면, 아이에게 확고한 인격을 갖도록 부모가 설정한 기대로 인하여 유아기부터 아동기에 걸쳐 가해지는 강한 압력은 평균 집단에 비하여 성장 후 동요, 불안, 자기 회의감을 갖게 한다.

쿡L. A. Cook은 자신의 책 〈교육의 공동체적 배경〉에서 가정 내 초기 경험과 성장 후 인성 발달의 관련에 관한 가치 있는 정보를 제공하고 있다. 대부분의 사회과학자와 마찬가지로 그는 등교가 아이의 관점에서 중요한 위기로 인식되고 있다고 보고한다. 왜냐하면 아이는 등교를 통하여 이미 가정에서 겪었던 애정과 안정감을 느낄 수 있다고 보장할 수 없는 새롭고 어색한 분위기에 빠지게 되기 때문이다. 다른 한편으로 가정에서 이미 불안하고 심란한 영유아기를 겪은 아동에게 학교에서 겪어야 할 어색한 생활상은 분노와 갈등만을 증폭시킬 것으로 보인다.[5] 모든 기관의 설립 목적과 존재 이유에서 알 수 있듯이 모든 학교가 가정보다는 인간미가 없으며, 규정대로 움직이고 또 다분히 권위적인 특징을 가지고 있다. 하지만 잉글랜드의 유치원과 초등학교 저학년 과정이 그리 형식적이지 않고 자유로운 행동을 어느 정도 허용한다는 점은 학교가 주어진 틀에 따라 운영된다는 점에 비추어 볼 때 매우 흥미로운 사실이다. 그래서 이 연령대 아이들이 감당할 수 있도록 교과도 다양한 형태로 편성하여 운영하고 흥미를 유도할 다양한 교구를 사용한 소규모 그룹 수업이 제공된다.

7세에서 11세에 이르는 초등학교 상급 학년 과정에는 지식을 대하는 비형식적인 접근 방법이 중등학교의 형식적 교과에 접근하도록 교과를 짠다. 이는 곧 초등학교 상급 학년의 수업이 아이들의 개별 성장과 교과의 특성을 모두 고려하면서 이루어지는 두 가지 목적을 가짐을 뜻한다. 왜냐하면 이 연령대는 유아기의 아동중심교육과 중등학교의 분화된 교과의 특성을 모두 고려해야 하기 때문이다. 이는 초등학교 상급 학년 수업이 허리가 잘린 교육목적broken-backed in aims을 갖는다고 볼 근거다. 듀이 등이 주장하는 바와 같이, 아이들을 미래로 향한 존재가 아니라 현재 존재로 대해야 한다면, 이때 교사의 책무가 매우 특별하다는 것을 말해준다.

학교에 입학하는 어린아이들은 자신을 정의감에 불타는 30~40대 교사의 권위에 맞추어야만 한다. 하지만 이 연령대 교사들은 아이들의 부모보다는 영향력이 강하지만 애정 면에서는 그렇지 못하다. 그렇지만 이를 역으로 보면, 한 교사가 30~40명 정도의 학급 아이들에게 미치는 영향이란 가정 내에서 2~3명의 자녀에게 미치는 부모의 영향력에 비하면 그리 대단하거나 놀랄 만한 일이 아니다.

입학하는 아이에게 학교가 하는 주된 과업 중 하나가 아이로 하여금 학교의 권위를 수용하도록 하는 일이며, 그로 인하여 학교장의 이미지가 지배적이고 간혹 잔인하게 형성되기도 한다. 학교 안에서 벌어지는 상황을 고려해보면, 교사와 학생 사이에 지시와 순종의 관계가 존재한다는 점은 부인하기 어렵다. 이러한 지시-순종의 관계는 학교마다 다른 양상으로 드러나지만, 중요한 점은 지시-순종이라는 말이 전적으로 서술적 의미로 사용되어야 하며, 과도한 감정적 맥락에서 지시가 강압적 지배처럼, 순종이 강압적 복종처럼 인식되어서는 안 된다는 점이다. 우리는 교사가 아이들의 학습을 책임지는 직책의 성인이라는 점에 유념하면서, 아이들이 교사-학생의 진정한 관계를 온전하게 파악하도록 해야 한다. 모든 아이가 학교보다는 성인이 책임과 권위를 더 많이 가진 가정에서 왔다는 점에서, 학생 신분을 가진 아이들은 교사가 가지는 권위의 속성이 무엇인지를 수용하도록 조치가 이루어져야 한다.

나는 이러한 문제를 전반적으로 꼼꼼하게 논의하기를 바라지 않지만, 부모가 아닌 성인으로서 교사가 해야 할 조치는 난생 처음 학교에 오는 아이가 져야 할 책임이 무엇인지를 아이가 자신에게 기대하는 바를 가정의 부모에게서 겪은 권위에 비추어 명확하게 이해하도록 하는 일이라고 본다. 성인과의 관계 이외에도 같은 또래의 다른 아이들과 두루 관계를 맺어야 한다는 점을 고려하여 아이들이 초등학교 저학년 과정이라는 새로운 사회 상황에서 적응을 돕도록 입학 준비 학급reception class의 중요성을 심각하게 인식해야 한다. 대부분의 아이는 적어도 두세 명의 또래와 함께 한 충분한 놀이 경험이 있지만, 학급처럼 30명 내지 40명 정도의 아이들과 더불어 한 경험은 없다. 하물며 수백 명 단위의 전교생과 어울린 적이 없다.

하지만 입학 아동 중에 다른 아이들과 집단으로 잘 어울려 지내는 등 자신감을 갖고 학교생활을 하는 아이들을 드물지 않게 찾아볼 수 있다. 공간적으로 다른 아이들을 회피하고 홀로 있으려 하거나 다른 아이와 같은 공간에서 어울려도 심리적으로는 거리를 두면서 자신만의 세계 속에서 살려고 하는 위축 행동withdrawal behaviour이 종종 발견된다.

일상 대화에서 아이들은 반드시 성장해야 한다고 쉽게 말하곤 하지만, 우리 삶에서 이 말에 고통스러운 경험이 담겨 있다는 사실을 곧잘 잊곤 한다. 학교에 다니는 일 자체가 불안감, 열등감 그리고 가정처럼 안락함을 갈망하는 등의 고통스러운 경험일 수 있다. 우리는 생후 5년이 청소년기와 성년기에 필요한 중요한 태도가 형성되는 기간이라고 줄곧 말하곤 한다. 같은 맥락에서 아이들이 초등학교 초기에 겪는 경험이 학교에 대한 인식을 형성하고 중요성을 깨닫는 데 중요한 시기라고 말한다.[6]

교육이 잘 이루어지려면 학교와 가정 사이에 재학 기간 내내 긴밀한 연계가 이루어져야 한다는 주장이 참이라고 해도, 초등학교 초기만큼 중요하다고 볼 수는 없다. 이와 관련하여 쿡은 가정을 세 가지로 구분하였다. 하나는 학교에 협조적인 가정이고, 다른 하나는 학교에 적대적인 가정이고, 나머지는 두 극단 사이의 절충형 가정이다. 학교에 협조적인 가정은 학교가 추진하는 일을 지지하면서 아이를 지각하지 않도록 등교시키고 의복도 제대로 갖추게 하는 등 필요한 사항을 신경 쓰는 편이다. 학교에서 일어나는 일에 관심을 가지고 아이가 어떻게 성취해 가는지를 알려고 하며 가급적 아이의 담임교사와 친분을 유지하려고 애쓴다. 이러한 가정은 학교에서 보내는 문서들을 모두 아이의 성장과 발달에 도움이 되는 선의의 기록으로 간주하고 이에 대한 나름대로 대책을 강구한다. 또한 아이의 가능성에 대하여 갖는 교사의 생각이 부모와 다른 경우에도 긴밀한 관계를 유지하면서 적극적으로 대처해 나간다. 한마디로 학교는 아이 양육에 가정과 협력적 관계를 지닌 기관이므로 교사에 대한 선의의 신뢰를 보낸다. 이런 가정의 부모는 학교가 비난받을 만한 점을 발견하였다고 하더라도 그것이 공정하게 개선될 것으로 확신한다.

학교에 적대적인 가정은 협조적인 가정의 반대라고 보면 된다. 이 가정은 학교의 방침에 대하여 엉성한 태도를 보이면서 나름대로 계율과 본보기를 가지고 아이 편을 든다. 학교 수업은 대단하지 않으며, 지각할 수도 있고, 부모는 교사에게 적대적인 편이다. 이런 상황에서는 일반 성인 사이에서도 공감할 수 있는 것이 별로 없을 것이다.

두 극단적인 가정도 있지만, 그 중간에 학교에 대하여 적절한 관심을 지니거나 상대적으로 무관심한 것으로 보이는 가정이 있다. 무관심한 부모들은 종종 교사를 아이의 지적, 사회적 발달을 전담하는 전문가로 여기는 경향이 있다. 예컨대, 사회적 실패를 학교 탓으로 돌리는 경우를 들 수 있다. 이와 관련하여 교육비가 증가하였음에도 청소년 범죄가 증가한다는 비판도 들 수 있다. 나는 이 책 전반에 걸쳐 학교가 교육을 담당할 유일한 사회적 기구이며 그 때문에 학교가 학생 내면에 근원적으로 형성되어 있는 인성 구조를 담당해야 한다는 점을 강조하였다.

학교에 적대적인 가정은 아예 교육에 대한 개념조차 갖고 있지 않다. 이런 가정은 삶이란 그날그날 생계를 꾸려가는 일이며 학교는 이와 아무 상관없는 존재라고 생각한다. 다른 사회 기관도 무엇인가를 공헌한다는 생각조차 하지 않는다. 그러나 일상적인 가정에서는 그나마 단편적이고 어설프나마 교육관을 가지고 있다. 이 가정은 많은 것을 학교로 떠넘기거나 반대로 학교의 책무를 무시하는 경향이 강하다. 그래서 교육은 전문가들이 자기네가 학습할 내용을 처방하여 전수해 주는 일에 불과하다고 생각한다. 인성 교육이나 삶의 질 그리고 교육을 받은 이후의 삶의 경로 등을 교육과 관련짓지 못한다. 교육은 문화생활 영역이라는 생각조차 할 수 없다.

학교의 기능 중 일부는 학부모가 학교와 교사에 대하여 공정한 입장에 서서 우호적인 지지를 보내기 어렵게 만든다. 예를 들어서 중등학교 단계 또는 잉글랜드의 중등학교 입학에 대비하는 초등학교 상급 학년에서 학교의 선발 기능은 매우 뚜렷하다. 아이가 미래 전문직에 종사하기 위하여 대학 입학을 원하는 경우라면, 아이에게 입학시험 통과는 필수적으로 부과된다. 잉글랜드에서 이렇게 하려면, 아이는 통상 중등 문법학교에 입학해야만 한다. 청소년기에 공식적인 학교생활을 마무리하게 되면 대부분의 아이들은 장차 가질 직업 문제가 심각하게 대두된다. 이때 학교 시험 성적이 가장 중요한 항목이 된다. 학교에 협조적인 가정도 이에 관심을 쓰게 되며 학부모의 열망은 학교의 방침을 정하는 데 은밀한 압력으로 작동한다. 하나의 예를 들자면, 문법학교 교장은 학부모가 대학 입학시험에 아이들을 집중하도록 해달라고 원하게 되면 대입 준비과정sixth form 운영에서 일반교육에 관심을 쏟기에 난감한 처지에 몰린다. 이는 학부모만이 아니라 대학과 각종 고등교육 기관도 입시 준비 교육에 매진해달라고 요구하는 데서도 확인할 수 있다.

각 가문의 대를 이어 부모 세대에서부터 자식 세대의 교육을 책임져 왔던 역사를 지닌 학교가 이들 부모에게 미치는 영향력은 문법학교를 다녀본 적이 없는 부모를 둔 가정 또는 신생 학교에 자녀를 보내는 가정에 비하여 매우 강하다. 또 문법학교에 처음 자녀를 보내는 부모도 대학 입학 준비를 주로 하는 문법학교가 넘어야 할 첫 관문이어서 학교로부터 영향력을 적게 받는 처지다.

우리는 가정과 학교가 성취해야 할 목표를 공유해야 하는 중요성이 명백함은 굳이 강조할 필요가 없다. 학교에 초대받아서 학생들의 출연 작품을 보거나 감상하는 학부모들은 학교가 추구해야 하는 일이 무엇인지 정확하게 인지하고 있다. 사친회도 마찬가지로 학교에서 행해지고 있는 일과 학생들이 배우는 내용이 무엇인지를 학부모가 찾아내도록 도와주는 수단이다. 하지만 사친회는 학부모에게 학교가 자녀 교육과는 다른 도움을 주는 데 관심 있는 성인들을 규합하는 기회를 제공한다. 이와 같은 방식으로 학교는 미래에 필요한 자질과 역량을 제공하는 장소에 그치지 않고 아이들을 매개로 한 성인들을 규합하는 공동체로서 기능을 수행하는 교육적 사회다. 한 마디로 학교는 가정이라는 제1차 집단 이상의 존재다.

현행 학제 상으로 유치원과 초등 저학년 과정은 다른 학년에 비하여 가정과 밀접하게 연계되어 운영된다. 그러나 이후 중등학교 졸업에 이르는 기간 동안 아이의 교육 경력은 지대한 관심 아래 관리된다. 잉글랜드에서 가정과 학교의 관계는 8세에서 14세까지 아동의 경우에 가장 약하다. 즉 초등학교 고학년과 중등학교 저학년에서 그러하다.

가족의 교육적 관심은 학부모가 자녀의 학교에 바라는 바에 그치지 않고 매우 다양하게 표출된다. 학부모의 학교 운영 기구 참여와 지역사회 관련 교육 문제 등이 이에 포함된다. 영국에서 공식적 체제를 갖춘 성인교육은 영예롭게도 유구한 역사를 지니고 있다. 하지만 성인교육의 영향력이 소수에 그치는 만큼 미미한 것도 사실이다. 새로운 대중 매체가 아동과 성인 모두를 위하여 도입되었다. 공식 수업에는 오직 성인만이 참석할 수 있을지 모르지만, 텔레비전과 라디오를 통한 방송 강의는 모든 가족 구성원에게 제공된다. 영화관에 검열제도가 있는 것도 엄연한 사실이지만, 아이들이 구매력만 있다면 원하는 도서를 무엇이든지 구할 수 있다. 연령에 따라 드러났던 차별적 독특성은 이전보다 서로 동질성을 느낄 정도로 변하고 있다. 누구든지 텔레비전과 라디오를 통해 무엇이든지 보고 들을 수 있고 미성년 관람 가능 영화도 누구에게나 허용되어 있어서 이제 아이들도 어른들의 관심사가 무엇인지를 찾아낼 수 있다. 이는 이해력을 증진하기도 하지만 상호 적대감을 키울 수도 있다. 과거에는 비록 청소년이 성인 몰래 훔쳐 보고 듣기는 했다는 이유로 해서 성인이 그들이 보고 들을 내용을 선정하였지만, 지금은 이전처럼 성인들이

나서서 이를 제한할 수 없기 때문에, 상호 이해가 증진되거나 적대감이 증진되는 곤란한 문제에 봉착하게 된다.

오늘날 부모들은 과거에 비하여 자녀 양육과 아동 관리에 관한 학습 기회가 더 많다. 학력이나 사회적 배경과 무관하게 모든 계층을 위한 여성 잡지, 라디오, 텔레비전, 아동복지센터, 산모의 출산 전후 관리 등과 같은 비형식적인 정보 전달 매체와 기관들이 운영되고 있다. 여학교에도 표준화된 교육과정이 도입되었고, 이전에는 학문적 교과를 중심으로 하여 지적 능력이 뛰어난 여학생을 가르쳤던 문법학교에도 심지어 미래 여성이 갖추어야 할 아내와 어머니로서 필요한 내용을 가르쳐야 한다는 교사들의 인식이 싹트고 있다.

서로 밀접하게 의존하는 가정과 학교 사이의 상호 인식은 과거 어느 때보다도 중요하다. 비슷한 맥락에서 이제 우리는 역력하게 사회 전반에 걸쳐 있는 교육의 의미를 파악해야 할 것이다. 미래에는 자동화 생산으로 근로 시간 감축과 여가 시간 증가에 따라 개인적 관심사를 개발해야 할 필요성을 교육자들이 지적한 것은 그리 오래 전 일이 아니다. 만약 개인적 관심사에 집중하지 않는다면 증가할 여가 시간은 행복을 가져다주지 않을 축복doubtful blessing이 될 것으로 보인다. 이 조짐은 과거 어느 때보다도 명백하고 엄연한 사실이다. 우리가 사회를 계획적으로 조직하려는 의도를 가지고 기존에 개인이 결정할 문제에 관한 관심을 학교, 대학, 직업학교, 평생교육기관 등과 같은 기관으로 돌리려고 하는 만큼, 의무교육의 원리를 보다 더 엄밀하게 검증해야 할 필요가 있다. 현재 영국에서는 5세에 입학하여 15세 또는 16세에 졸업하는 것과 전일제 교육이 상당히 더 길어져야 함을 매우 당연하게 여긴다. 특히 전문직에 종사하고자 하는 사람이나 1880년대 의무교육이 실질적으로 실행되었던 즈음인 반세기 전에 설정된 기존의 일반 의무교육으로는 감당할 수 없는 도제식 교육을 받고자 하는 사람에게는 전일제 교육 기간이 연장되어야 한다.

미래에는 '출석 의무'를 규정한 교육을 매우 근본적으로 달리 재조직해야만 할 것이다. 1870년 또는 1880년 이전에는 일부 계층의 아이들이 4~5세만 되어도 노동 현장에 투입되는 것을 당연하게 여겼다. 그로부터 모든 이가 참석해야 하는 의무교육 이념을 수용하는 데 상당한 시간이 걸렸다. 인간 존중 원리만큼 사회경제적 사건들이 의무교육을 주도적으로 도입하도록 하였다. 이렇게 도입된 의무교육 학교는 당시 사회가 필요로 했던 직업을 준비해야 하는 만큼 설립되었다. 동시에 학교 건물건축 비용, 교사에게 들어가는 직간접적 인건비와 각종 교육 설비 구축 비용 등을 사회가 준비해야 하는 재정 상태에 따라 의무교육 학교 수가 좌우되었다. 현재 학생들은 약 10년간 의무교육을 받고 이 중 20%만이 11년에서 13년의 추가로 교육을 받는다. 그리고 이 중 다수가 3년 또는 4년 과정의 대학 교육을 받는다. 의사 면허를 취득하는 데까지 23년 또는 24년의 삶 중에서 18년 내지 19년을 몽땅 학생 신분*in statu pupillari*으로 지내야 한다.

연간 국가적으로 필요한 농산물, 공산품 그리고 온갖 종류의 서비스에 비추어 전일제 수업인가 시간제 수업인가 결정된다. 교육은 단순한 수업 차원을 넘어서 이 책의 서두에서 지적한 모든 사항을 심층적이고 폭넓게 고려해야 할 활동이다. 인간이 자신의 노동을 수월하게 하려고 만든 기계의 수만큼, 인간이 자신의 생에서 차지하는 노동에 투여하는 시간은 줄어든다. 이러한 사실은 이제까지 생각하지 못했지만 꼭 짚고 넘어가야 할 어마어마한 문제를 제기한다. 내가 말하고자 하는 논점은 국가 수준의 평생교육을 진지하게 고려해 보지 않는다는 점이다. 잉글랜드의 교육 전통은 소수의 능력 있는 자들을 선발하는 데 있지만, 이제는 대중을 위한 평등한 교육을 실현할 문제의식을 고취해야만 한다.

이 문제와 관련하여 두 가지를 고려해야 한다. 첫 번째는 교육이 일차적으로 직업을 준비하는 수단이며 생계를 이어줄 수입을 실제로 고려해야 한다는 일반인들의 교육관이다. 이러한 교육관은 하류 계층에게 학교 교육은 일찌감치 생계유지를 위하여 수입을 올릴 시간과 기회를 포기하고 어렵게 얻은 특권이라는 생각의 결과이다. 두 번째는 자신들의 일차적 책임이 학생들에게 미래 직업을 준비하도록 하는 데 머물지 않고 학생들이 현재와 미래에 모두 인간으로서 삶을 영위할 잠재력을 북돋울 수 있도록 도움을 주는 데 있다는 전문 교육자의 생각이다. 경쟁 사회 압력과 실제로 인구 절반이 생계비에도 못 미치는 상황에서 두 번째 생각을 우선 고려하거나 확산하는 것은 매우 어렵다. 하지만 노동에 종사하는 개인과 시간 때울 기회를 증가시킨 각종 대중 매체로 인하여 실제로 노동에 투입된 시간을 줄어드는 것이 최근 서양 사회의 추세다.

전반적 문제의 핵심은 교육과 시간 때우기는 근본적으로 다르다는 점을 우리 자신과 미래 세대에게 납득하게 할 역량이 있는가에 달려 있다. 우리는 과거 의무교육에서 가르쳤던 내용을 보완하는 데 그치지 않고 사람의 삶 전반에 걸쳐 떼려야 뗄 수 없는 질 높은 교육을 스스로 수용할 수 있도록 조치해야 한다.

이러한 관점에서 시작하게 되면, 가정과 교육 사이의 관련 전반에 대하여 근본적인 인식이 변화할 것이다. 왜냐하면 교육의 의미심장한 주 과제는 의무교육 기간에 초점을 맞추는 데 있지 않다. 또한 학부모는 형식적인 겉치레로 교육을 대하지 말고 더욱 심사숙고하는 자세로 학교를 바라보아야 한다. 이처럼 새로운 방식의 교육관은 교육이 어떤 가족 구성원도 나이와 무관하게 적극적으로 참여할 수 있는 삶의 일부분임을 인식하는 일이다.

제13장
사회학과 교실*

서유럽에서 학교는 대지, 건물, 확고한 설립 목적과 지속성을 유지했던 탓에, 그 지역사회를 대표하는 랜드마크가 되었으며, 심지어 학교 건물이 표본이 되어 각국으로 전파되어 상징물로 자리 잡게 되었다. 아직도 학교는 특정 지역에 위치해야 한다고 여기지만, 반면에 오스트레일리아, 뉴질랜드, 캐나다 등에서는 수백 마일을 구역화하여 아이들이 집에서 수업을 듣는 '라디오 학교radio schools'가 있다. 하지만 여기서는 아이들이 공통 교육프로그램을 따라야 하는 새로운 학급 개념이 있다. 지형이 험하고 원거리 지역에서는 기숙학교가 분명히 하나의 해결책일 수 있다. 하지만 '라디오 학교'라는 자원과 '텔레비전 학교'의 가능성은 우리를 학교란 무엇인가를 다시 숙고하게 만든다.

학교에는 선발된 인원이 들어있다. 영국에서도 유치원을 제외한 학교에 몸담은 구성원은 5세에서 18세 사이의 아동과 청소년들이다. 성인이 학교를 구성하는 비율은 매우 낮지만 아이들에 대하여 지니는 권위는 높다. 이를테면 교장 1인과 학생 비율을 보라. 5세에서 15세 사이의 정상 아동은 소정의 정규교육을 받아야 한다. 이 교육에 대한 의무가 법적으로 부과되며, 정규교육은 연중 대부분 일과

---

* 이 장은 만하임 교수의 노트를 토대로 하여 편집자가 융통성 있게 작성한 것이다(W. A. C. Stewart).

시간에 수업에 참여해야 함을 뜻한다. 그래서 학교에 가는 것은 급여 없이 노동하는 것이라는 표현도 한때 생겨났다.

학교는 세 가지 주된 기능이 있다. 첫 번째가 중요하다고 여기는 내용을 아이들에게 제시하는 것이다. 그러나 이 내용은 누가 선정하는가? 지방교육청의 관료가 하기도 하며, 교사 집단이 하기도 하며, 개별 교사가 하기도 하며, 교장이 하기도 하며, 교육부 장학사가 하기도 하며, 전문가 집단이 하기도 하며, 교육학자가 하기도 하며, 때로는 교육행정가가 하기도 하며, 드문 경우지만 여론에 이끌려 하기도 한다. 분명한 점은 이들 모두가 똑같이 중요하다고 여길 수 없으며, 모든 것을 한꺼번에 가르칠 수도 없다. 하지만 영국에서 교사는 다른 나라에 비하여 교육 현장에서 비교적 자유롭지 못하여서, 교사가 자신이 가르치고 싶은 내용을 자유롭게 가르친다는 것은 사실이 아니다. 교사 그 자체가 문화의 산물이며, 교육의 이론과 실제를 제약하고 승인하는 하위문화에 속하는 정도라고 하기도 한다.

이처럼 교육 내용을 선정하는 중요한 일 다음으로 꼽을 수 있는 학교의 두 번째 기능은 아이의 현재와 미래 삶에 가치 있다고 여기는 공부에 몰두하도록 하는 태도를 함양하는 일이다. 세 번째 기능은 당연히 아이들의 장래 직업에 대비하도록 여러 가지 준비하도록 조치하는 일이다.

학교는 명시적이지 않은 기능도 가지고 있다. 그 첫 번째가 아동기와 청소년기는 미래 삶을 준비하고 이를 위한 수련 기간으로 여기는 것이다. 이에 따라 아이들의 경제적 의존 기간은 연장되고, 나이가 들어도 '어리다'는 특성을 유지하게 된다. 권위는 성인에게 주어지고 변화가 점진적으로 이루어지는 것을 합당한 것으로 여긴다. 전시에 이러한 패턴이 변화한다는 점은 매우 흥미로운 일이다. 전쟁 참여는 젊은이들의 몫이고, 권위는 더 이상 65세 정년에 이르도록 누릴 수 있었던 지위에 매여 있지 않게 된다. 전쟁 기간 참전 군인들은 국가 예우 시스템에 따라 특별한 대우를 받으며, 모든 능력이

전시에 동원되어 30세의 육해공군 대령이 탄생하고 이들은 전례 없는 권위와 부여받고 존경받기도 한다. 장교에게 강한 전통이 없는 영국과 같은 민주국가에서 능력을 갖춘 사람이 평시에는 누구도 엄두도 내지 못하는 직책을 부여받아서 권력 분배의 근간을 흔들 만한 변화가 일어난다. 전쟁 기간 그들의 능력은 국가에 대한 충성심에 가려져 있지만, 평시에는 다른 방식으로 다시 드러난다.

학교의 숨겨진 또 다른 기능은 학교가 교육은 어떤 형태든 형식적 수업을 제공하는 제도라고 믿게 한다는 점이다. 교육은 전문가 또는 적정한 훈련을 받은 사람이 무엇인가를 제공하는 수업이라고 믿는 경향이 강하다. 이 경향은 서두에 지적한 바와 같이 사회 전반에 걸쳐 작동하는 교육의 광의 개념에 반대되는 교육의 협소한 개념에 해당한다. 가정에서 경험이 획득되듯이 학교생활을 통하여 청소년기의 경험이 획득되는 것은 사실이지만, 학교 교육의 목적은 가정 내 자생적 관계에서 형성되는 것보다 명시적인 만큼 제한적이다. 학교에서 실제로 벌어지는 바를 유심히 관찰한다면 학교가 목적하는 바를 명백하게 밝힐 수 있을 것이다.

우선 12세 아이들 35명으로 구성된 학급을 관찰해 보자. 학급 조직은 어떻게 되어 있는가? 학교생활에서 쌓인 편력에 따라 어울리는 짝들과 아이들은 그룹으로 나뉘고 자기네 연령에 맞는 독특한 기행을 드러내기도 한다. 아이들은 책상에 앉기도 하지만, 줄을 서기도 하고, 한쪽으로 바라보기도 하지만, 이는 학급 내 교구 배치와 학급 조직에 따라 변하기도 한다. 이러한 학급 내 설비 배치와 통로 등이 주의를 끌어내는 방식을 결정하는 요인이며, 교사가 일상적으로 연단처럼 높은 교탁에 서는 것은 아이들의 감독을 수월하게 하고 수업에 아이들의 주의를 집중하도록 한다. 학급 내 책상은 아이들이 맨 정신으로 집중함을 가리키며, 반듯한 줄은 교사가 바라는 대로 모든 것이 깔끔하게 진행되고 있음을 가리켜서 학급 전체가 수업을 위하여 하나의 '통일'된 형태를 띠도록 한다. 만약 학급 내 줄이 삐뚤어져 있거나 하면 교사는 그것이 지저분하고 능률적이지 못한 외양의 학급으로 간주하여 매우 불편해 한다.

교사로 관심을 돌려 보면 우리는 교사가 자신을 유클리드 기하학 공리처럼 '당연한given' 존재로 여기는 성인임을 알 수 있다. 교사가 해당 학급 아이들을 선택하지 않았다면, 이 아이들은 그 교사를 선택하지 않을 것이다. 첫 대면에서부터 교사와 학생은 서로에게 낯선 존재일 뿐이며 다만 주어진 일을 하려고 만났을 뿐이다. 학생들은 정해진 제 자리에 앉아서 주어진 학습 과제를 수행하도록 규율되어 있지만, 교사는 필요에 따라 마음대로 움직일 수 있으며 심지어 아이들을 도와주기도 하지만 꾸짖거나 감시할 수도 있다.

이러한 물리적 역학 관계는 학급 운영 면에서나 교사와 학생들의 태도 면에서 볼 때 전혀 검증되지 않은 틀에 기초한다는 사실에 주목해야 한다. 물론 학급 내에 이른바 정신적 조직이라는 것이 존재할 수 있을지 모른다. 아이들을 학습 수행 능력에 따라 분류하면 학습이 보다 수월해지고 학교의 선별 기능에도 부합하고 또한 이에 대한 심리학적 근거를 제시할 수도 있지만 이때 심리적 동기는 고려되지 않는다. 그러면 학부모, 학교 당국 그리고 교사들에 의하여 아이들의 심리적 학습 동기는 간과될 것이다. 아이들에게 선별에 따른 등급 매기기는 지적 관점에서 본 교육목적을 우선시한 결과로 경쟁심만을 조장하게 한다. 등급 매기기는 효과적 수업에 도움이 되기는커녕 아이들에게 '성공'과 '실패'의 낙인을 찍는 수단이 될 뿐이다. 등급 매기기도 심리학적 관점에서 등급을 매기는 것처럼 다른 관점에서 접근할 수도 있다. 그렇게 하면 각 수준이란 곧 다양하게 설정하여 수업이 더 경제적이고 효율적으로 이루어질 수 있을 것이다. 사회학적으로, 현 경쟁 사회에서 많은 사람들을 등급 매기기는 최상의 존재를 발견하는 조치에 불과하다. 심리학자와 심리학적 요인을 고려하는 교사에게 등급 매기기는 함께 협동할 사람을 찾는 수단이 될 수 있다. 따라서 경쟁은 나중에 지적 수준에서 활용하더라도 수업 현장에서 교사가 협동을 끌어내는 장치로 활용할 수 있을 것이다. 선발은 적어도 명목상으로는 여러 가지 목적에 따라 능력을 평가하는 수단으로 활용되지만, 비어 있는 자리를 차지하려는 지원자 중에서 누구를 탈락시키는가에 동원되는 수단에 불과하다. 물론 이것이 잉글랜드 중등교육에서 행해지는 선발의 핵심이다. 하지만 심리학자들은 선발을 등급 매기기로 간주하고, 경쟁 사회의 문제 상황을 고려하는 부모는 선발이 성공과 실패를 가늠하는 잣대로 활용된다고 본다. 따라서 협동이라는 문제는 아예 배제되어 버린다.

어떤 의미에서 보면 시간표는 물리적 조직표이지만, 우리는 이를 정신 상태를 조직하는 관점에서 고려해야 할 것이다. 학교 출석은 의무 사항이고 일과는 이미 짜여 있다. 그렇기 때문에 교육에서 자유를 언급할 때 인간의 모든 자유가 제한되는 것처럼 학교에서의 자유도 제한된다는 점을 받아들여야 한다. 학교의 개념과 기능으로 볼 때 개인이 자발적으로 하고 싶은 자유는 제한된다. 이 사실을 인정하더라도 우리는 교육이 더욱 자유롭고 유연하게 할 방법이 무엇인가를 현실적으로 논의해야 한다. 학생들은 정해진 시간에 등교해야 하며 정해진 시간에야 학교를 벗어날 수 있다. 물론 학생들도 쉬는 시간이 있고 '놀이 시간'도 갖고 있으며, 식사하는 시간인 점심시간도 있다. 학기 중 일정은 주기적으로 편성되어 있으며 학생들은 이에 맞추어서 자신이 '배우고자 하는' 것에 주의를 집중해야만 한다. 하루에 듣는 과목 수만큼 주의 집중을 바꾸어야 한다. 하지만 이는 시간 낭비라고 볼 수는 없지만 학생들이 기울이고 싶은 주의를 빼앗기는 격이다. 다른 말로 하면 학생들은 학교 일과에 있어서 일체 선택할 수 없어서 자신이 배우고 싶지 않은 내용을 배우도록 제약을 받고 있다.

학생들은 학급 단위로 묶여서 무엇인가를 배우게 되어 있다. 이것이 진정한 학습을 뜻하지는 않는다. 학생들은 제대로 공부했는가에 대하여 다양한 방식으로 점검을 받고 수정 지시를 받는다. 우리는 프로이트를 좇아서 학급에서 일어나는 문제를 다루어야 할지 모른다. 이러한 현상 이면에는 출석 의무, 시간 엄수, 권위에 순응, 실내 정숙, 반장-교사-교장에 이르는 위계의 인식 등 일상이 깔려 있다. 이러한 요인들이 공식적인 학교 조직 이면에 깔린 잠재적 교육과정을 구성한다. 내가 명시적인 학교 학습이라고 칭하는 내용은 적극적인 형태로 제시된다. 잠재적 교육과정은 그 내용이 소극적 형태로 제시된다. 이를테면 우리가 공식적으로 고려해 본 적이 전혀 없지만 아이들에게는 매우 친숙하고 일관되며 진지하기도 한 습관, 정보, 태도와 관련된 내용이다.

12세 아이들 35명이 앉은 책상과 이 모두를 한꺼번에 대하는 한 명의 교사 사이에 일어나는 상호작용이 있다. 교사는 평균 이상의 지력을 갖춘 성인으로 자기 교과와 교수법에 관한 수년 동안 훈련을 받은 사람이다. 수업 현장에서 아이들에게 도움이 되도록 교사는 교육 내용을 선정하고 이에 따라 수업 일정을 계획한다. 하지만 성인으로서 교사는 체격, 경륜, 책임감, 능력, 지위, 의상, 예의, 태도 및 외모 면에서 모두 학생들과 분리된 존재이다. 교사는 아이들이 자발적으로 선정한 '자생적'인 지도자가 아니며 능력이 출중하여 선발된 인물도 아니다. 아이들은 교사가 자신들과 비슷한 처지의 문제에 상대적으로 친숙하게 공감하면서도 교사를 어김없이 따라야 할 존재로서 능력을 믿고 그 지위를 인정할 수밖에 없다. 하지만 교사의 경우는 그렇지 않다. 학급은 공적 책무가 이미 정해져 있는 지도자가 필요로 하는 방식에 따라 운영된다. 개인적 리더십 또는 자연적 리더십은 순탄하게 지도할 경우에만 유효하다. 예기치 않고 복잡한 상황에 대비하기 위하여 리더십은 기존의 규칙을 무너뜨리는 것을 넘어서 가차 없이 일어나는 무모한 행동으로 나타날 수 있다. 제도적으로 리더는 준수해야 할 행동 패턴이 있기 때문에 이렇게 행동해서는 안 된다. 이럴 경우 전통적인 리더십의 틀은 리더의 개인적 영향력이 형식적인 체계에 의하여 걸러지도록 작동해야 한다.

무엇보다도 교사는 제도상의 리더이다. 특권이 부여되는 것은 공적인 지위 때문이지 개인적 요인 때문이 아니다. 교사는 학생과 관계에서 우월적 지위를 보장받고 그의 권위는 한 개인으로서가 아니라 관련 법과 공적 전통에 따라 부여된다. 성공적인 교사일수록 그만큼 개인적 리더십 요소는 많이 찾을 수 있지만, 교사는 스스로 추구하는 만큼 리더십을 인정받고자 할 것이다. 사실 교사의 리더십은 교사 인성을 드러내는 데 나오며 이는 교실 안에서만 해당하지 않으며 교실 밖에서도 드러난다. 반면에 규율에 엄격하게 매달리는 교사는 학급 분위기 조성에 상당한 영향을 미치겠지만, 학교 밖에서 형성된 학생들의 세계와 무관할 만큼 영향력이 없다.

12세 아동의 35명 학급 학생이 새로 온 교사를 만날 때, 그들의 관계에서 가장 먼저 눈에 띄는 요구사항이 바로 지배-복종의 관계 정도다. 학교 내 물리적인 배치가 이에 초점이 맞추어져 있다는 점을 알 수 있다. 월러Waller는 그의 명저 〈교수의 사회학〉에서 이러한 사항은 내용을 극적으로 진술해 놓은 바 있다.

> 교사가 학급 상황을 완전히 장악할 때까지 교사는 긴장을 늦출 수 없다. 학생들에 대해 갖는 호의는 그가 학급을 장악했다는 상황이 이루어져야 생겨난다.*[1]

호머 레인Homer Lane[2]과 닐A. S. Neill[3]의 원리와 〈아동은 옳다〉[4]는 저서에 포함된 내용에 반하는 이와 같은 노골적인 진술이 사람들을 흥분시킬 정도다. 그럼에도 월러의 관점은 대부분의 학교에서 어떤 일이 일어나며 이 진술에는 얼마나 해석할 여지가 많은 내용이 포함되어 있음을 알 수 있다. 그의 주장이란 다름 아닌 교사는 자신이 가르치고자 하는 내용을 배우고자 하지 않는 아이들과 대화해

---

* 만하임은 이 책을 매우 높이 평가하여 그의 노트에는 여기서 추출한 내용이 많다. 나는 이 장에서 만하임의 노트를 여러 부분에 걸쳐 참조하였다(W. A. C. Stewart).

야 할 책임과 전문적 지식을 보유해야 한다는 점이다. 그렇게 하면 교사의 권위와 아이들의 학습 동기가 학급 전체에 스며들 수 있다는 것이다. 월러가 말하고자 하는 바는 권위는 이러한 방식으로 확립되어야 한다는 것이다. 그렇지 않아도 교사의 권한이 막강하다. 왜냐하면 교사는 최후 수단으로 법적 권한과 정부 당국이 부여한 공적인 지위가 있기 때문이다. 또한 월러는 다음과 같이 언급한 바 있다.

> 학교의 정치적인 조직은 교사를 우월적 지위로 만들고 교수-학습 과정에서 이 우월성이 강화되도록 교사의 업무가 이루어진다.[5]

이러한 지배-복종의 관계는 교사와 학생 사이에 근원적으로 설정되어 있다. 심지어 닐이 주장하는 것처럼 아이들의 내적인 발달 동기에 기댄다고 하더라도, 아이들이 어떤 조건에서 학습과 수업이 잘 이루어지는 등의 문제는 모두 성인이 지배적 의견을 가지고 결정할 사안들이다.

학교는 학생을 가르치고 그들이 학습하도록 하는 기관이다. 이에 관하여 로스 피니Ross Finney는 다음과 같이 말하였다.

> 학교의 일차적 목적은 인지적 능력을 함양하는 일이다. 아이들이 잘 어울려 지내게 하는 일은 부차적인 일이다.[6]

물론 어린 학생들과 나이 든 어른들은 함께 지낼 수밖에 없어서 온갖 종류의 인간관계를 겪게 마련이어서 심리적인 고려를 하지 않을 수 없다. 심리학적 관계와 사회학적 관계의 차이는 인간이 겪는 경험의 내용, 변화 및 동기에 관한 관심에서 비롯된다. 사회학적 관심은 그러한 경험이 표출하는 내용, 변화 및 동기를 형성되는 집단적 구조에 있다. 물론 심리학과 사회학의 개별 관점보다는 양쪽에 걸쳐 차이를 한데 묶어 보는 경계 영역이라고 할 사회심리학이 있다. 그래서 사회심리학에서는 한편으로 인간의 태도 형성과 경험 문제를 다루면서 다른 한편으로는 이러한 심리적 변화가 진행되는 인간관계와 조직에 관심을 가진다.

교사는 자신의 직업관, 편견, 개인적 두려움과 부족함, 때로는 개인적 야망, 인간애 그리고 애착심을 가진 채 교실 현장에 임한다. 교사가 가르치는 35명의 12세 아이들은 체격, 외모, 지능, 사회성, 성격 그리고 사회적 심리적 배경이 모두 다르다. 아이들은 학급이라는 단일 집단에 속하여 시간이 지남에 따라 연대감을 배양하고 학급에서 가장 중요한 인물인 교사와 호흡을 맞추어 생활하게 된다. 아이들의 연령, 교내 다른 아이와 접촉 교사가 부여한 책임의 정도 등은 아이가 학교로부터 받는 영향력과 학교에 미치는 영향력을 크게 좌우한다. 예를 들어서, 13~14세가 최고 연령인 중등 입학 예비학교에 다닌 12세 아이는 18세가 최고 연령인 문법학교에 다니는 동년배가 겪는 경험 내용이 다를 수밖에 없다.

35명 학급 규모의 12세 아이들과 교사 사이의 관계는 어떻게 해야 증진할 수 있을까? 대부분의 경우 종국에 가면 교사가 바라는 바대로 이루어진다. 교사가 학급 통제 활용 수단을 손에 쥐고 있다. 그래서 이러한 수단을 활용할 역량이 부족한 교사는 권위와 통제가 무너진 고질적인 갈등 상황을 맞게 된다. 하지만 교사가 대부분 원하는 대로 교사-학생 관계가 이루어진다 해도, 우리는 불가능에 가까운 일조차 과격하게 바꾸자 하는 교사의 행태를 원하지는 않을 것이다. 그럼에도 학급을 어떻게 이끌어갈지 결정할 사람은 교사밖에 없으며, 다른 조직과 마찬가지로 학교에서도 교사는 아이들이 기댈 수밖에 없는 존재로서 많은 것이 허용되어 있을 만큼 학교는 교사의 뜻대로 학급을 운영하는 구조적 특징을 지니고 있다. 많이 언급되는 월러의 말을 여기서 반복해 볼 필요가 있다. '가장 행복하게 운영되는 학교에서 모든 교사와 리더격인 학생들은 자기들이 학교 일에 좌우하는 데 실질적인 영향력을 행사한다고 믿고 있다.'[7]

여태까지 개발된 학교의 사회학적 관점은 처진 아이들, 학교 밖의 아이들 세계, 학생 개인에 미치는 학교의 영향력과 계층별 차이, 교육 전반에 관한 가정과 교사의 태도, 학업의 성패 요인 분석, 교사가 학급에 권하는 장려 사항, 지역사회가 바라보는 학교의 역할 등에 맞추어져 있다. 그리고 이에 관한 연구는 대부분 사회심리학 영역에 속한다. 그러나 사회학적 관점에서 학교와 학급 연구에 공헌할 수 있는 가장 중요한 내용은 교사와 학생을 한데 묶어서 사회정의를 실현할 수 있는 주체로 보고 이에 따라 이들 사이의 인간관계가 어떻게 정립되어야 하는 구조적 문제에 있다.

제14장
교육적 사회학과 교육의 사회학*

교육과정은 더 이상 과거처럼 오만 가지 내용을 되는 대로 묶어 낸 것도 아니고 발칸 반도 제국이 이웃 국가를 희생하면서 팽창했던 것처럼 각 전공 간의 타협과 홍정의 결과물도 아니다. 교육과정은 학생들의 머리에 잡다한 지식을 잔뜩 집어넣어 배출하기 위한 투쟁의 결과물이 아니다. 진정한 교육과정 편성은 지식창고와 문화에서 추출한 내용이 가치 있는지와 역동적인 사고가 미래 세대에게 전수될 수 있도록 구성되었는가에 따라 가장 책임감 있게 추진해야 할 과제이다.

교육과정의 사회적, 문화적, 정치적 중요성을 인식한다면, 교육과정 개발자들은 '더 많은 지식'에 집착할 것이 아니라, 1939년 출간된 린드R. S. Lynd의 저서 제목처럼 '무엇을 위한 지식인가?'에 집중해야 할 것이다.[1] 이러한 방향을 따르게 되면, 우리는 무슨 내용을 얼마나 가르쳐야 하는가, 그리고 각 교과는 어느 지점에서 어떻게 관련되는가를 인식할 수 있게 된다. 그렇게 되면 진정한 교육과정과 거대 오케스트라를 위해 쓰인 악보에 비견할 수 있게 된다. 이런 악보는 어떤 회사의 악기를 오케스트라에 사용할 것인가를 일체 고려할 필요가 없는 것과 같이, 교육과정은 누가 솔로를 맡을까 하는 선

* 이 장은 만하임 교수가 1943년 옥스퍼드 대학의 사회학 연구소가 '사회학과 교육'이라는 타이틀 아래 개최한 학회에서 행한 강연을 토대로 작성한 것이다. (편집자 주)

정 문제를 고려하지 않는다.

적어도 우리가 현재 합의하는 교육적 쟁점 하나가 있으며, 이는 사회질서를 유지하고자 하는 기본적인 시민의식과 국가 정체성으로서 이에 대한 근본적인 합의가 없다면 민주주의는 존속할 수 없다. 이러한 공감과 합의는 순수한 감정 차원에서 이루어질 수도 있지만, 예리한 지성과 도덕적 판단에 근거해야만 한다. 과거 잉글랜드에서는 습관에 따른 무의식적 결속이 한몫 하였다. 파쇼국가에서는 정치 선전과 강요를 통한 신념이 형성되어 작동하기도 하였지만, 현대 민주국가에서는 개인의 국가에 대한 결속은 개개 시민이 스스로 결정하겠다고 선택한 문제를 온전하게 판단하고, 이에 따른 변별력이 사회적 관계를 공공하게 할 수 있을 때만 가능하다.

교사 교육을 받는 예비 교사는 사회에 대한 무엇을 알고자 하며 이에 따라 어떤 사회학적 지식을 지녀야 하는가? 예비 교사는 사회학자에게 사회학적 분석 기법과 함께 지식을 이해하는 사회학적 기초를 알려 달라고 요구할 수 있다. 예비 교사는 복잡한 사회 현상을 이해하는 기본적인 사회적 과정을 알기 원하며, 모든 사회 현상을 빠짐없이 분석할 수 있는 기본적인 개념을 습득하기 원한다. 그들은 자신들이 사실 민주사회의 위기라고 할 수 있는 사회적, 경제적, 정신적 갈등의 주요 원인을 알도록 사회학자들이 도와줄 수 있다고 생각한다. 그들이 시민으로서 그리고 사회학 초심자로서 이러한 내용을 이해하게 되면, 그들이 미래 세대를 가르칠 때 그것이 민주사회 발전에 크게 공헌할 것이라고 생각한다.

교사 교육을 받는 학생들은 사회질서 속에서 교육이 차지하는 비중을 고려해야만 한다는 사실을 잘 알고 있다. 그들은 자신이 하는 일이 가정에서 학교로 온 아이들, 사회 공동체, 교회, 산업체 그리고 사회복지 기관에 좋은 영향을 주기를 바란다. 그러므로 그들은 교육기관의 사회학적 특성을 이해하려고 노력해야 할 처지에 놓인 셈이다. 그래야 그들이 교육에 공헌했다고 할 수 있을 것이다.

우리는 사회학적 분석 기법이 교육 상황을 개선하고 교수 행위와 관련된 특이한 문제를 해결하는 데 매우 가치 있는 수많은 통찰력을 제공한다는 점을 잘 알고 있다. 예비 교사가 사회학의 본질과 목적이 무엇인지에 익숙하다면 앞 문단에서 언급한 모든 문제를 해결하는 데도 무척 도움이 될 것이다.

1. 교육자를 위한 사회학

(1) 인간 본성과 사회질서

우리는 인간의 본성이 얼마나 사회에 의하여 형성되며 심리학적 지식이 얼마나 중요한지 숙지할 필요가 있다. 인간 본능과 습관에 관하여 우리가 아는 내용이 얼마나 문화와 관련되어 있으며 문화에 의하여 결정되는 요인은 무엇인지 제대로 알고 있는가? 이 책 앞부분에서 살펴보았듯이, 조건화, 탈조건화 그리고 재조건화 개념은 학습을 이해하는 데 결정적이며, 교육이라는 활동에 일정 부분 공헌한다. 한 개인의 삶이 시작되는 시점으로 거슬러 올라간다면, 사회가 그 개인에게 어떤 영향을 미쳤는지 알 수 있다. 그 결과 사회가 다르면 다른 행동 유형이 형성된다는 점을 알 수 있다. 갓난아이가 엄마와 접촉하는 일, 즉 협응, 갈등, 동화와 조절 그리고 소외 등이 일어나는 일차적인 과정은 그 아이의 인성을 형성하는 가장 기본적인 요인이 된다. 가장 중요한 것은, 개인이건 집단이건 간에 그들 사이에 의견과 행동의 충돌로 비롯되는 갈등이다. 어느 사회건 간에 갈등이 왜 야기되었으며, 사회는 이 갈등을 어떻게 대처하는지를 분석하여 이해하는 것은 매우 중요하다. 이러한 문제를 논의함으로써 갈등 해소를 위하여 우리가 마지못해 선택해야 하는 딜레마 상황을 이해할 수 있다. 이러한 문제는 근본적으로 인간관계에서 비롯되는 도덕적 문제로서 개인이 함께 사는 방법을 배우게 되고 사회적 관계가 건강해지는지 왜곡되는지를 결정한다.

제1차 집단 구성원인 개인이 겪는 사회적 접촉을 다루는 문제와, 사람들이 사회를 이루면서 서로 영향을 주면서 가치 판단을 하게 하는 사회적 요인을 다루는 문제는 서로 다른 문제다. 개인 간 경쟁은 비록 경쟁의 목적이 같은 것이라고 해도 집단 경쟁과 전혀 다른 성격의 문제다. 연대 의식team spirit은 결코 같은 팀 안의 구성원 개인들의 승리 욕구로 표출된 경쟁심을 합친 총화總和가 아니다. 연대 의식은 이보다 더 복잡한 실체로서 교육자라면 반드시 이해해야 할 가치가 있는 내용이다.

나는 앞서 선택의 필요성과 선택 행위의 본질을 이해하는 것이 중요하다고 언급한 바 있다. 해결책을 찾을 수 있는 갈등 사안이 아니어도 우리는 개인과 사회의 구조적 해체와 기능 마비를 가져올 가능성이 있음을 항상 염두에 두어야만 한다. 공격성은 두려움의 징조일 가능성이 있으며, 다시 다른 사람들의 공포를 불러오는 분노와 불행의 원인이 된다. 공격성은 사회의 해체와 마비를 불러오는 자기 과신이나 지배 욕구를 추구하려는 계산된 의도와 늘 관련되어 있지 않다. 사회적 습관과 사고방식이 이행되는 단계에서 사회적 혼란과 소요 사태가 발생한다는 사실을 우리는 흔히 찾을 수 있다. 이에 대한 두 가지 극명한 사례를 들 수 있다. 하나는 종교적 변혁만이 아니라 철학과 인문학의 부활을 포함하여 근대과학과 정치학의 태동을 가져온 종교개혁이다. 다른 하나는 제1차 세계대전 이후 군 장교와 토호 그룹과 같은 구권력 층의 몰락으로 환멸적 무질서와 자유주의적 낙관론이 득세한 독일을 들 수 있다. 민주주의가 뿌리내리기에는 토양이 척박한 결과 독일 국민은 자유사상이 합의할 수 없다는 점을 잘 알면서도 독일 민족주의의 황당한 주장이 독일을 하나로 묶을 대안으로 변모된다는 점을 알지 못하였다. 독일의 뒤늦은 봉건주의가 20세기 무질서로 이행되는 과정에서 히틀러와 나치스가 득세할 기회를 포착하게 되었다. 자유 사회의 다양한 이해 집단을 해체하고 독일이 운명적으로 지배자 민족이라는 나치의 선동으로 이들의 관심을 집중시키는 방식으로 히틀러는 독일을 분할 통치하였다. 지속적이고 잔인한 정치적 기회주의를 사용하여 현실 문제를 민중에게 신비스러운 것으로 변형시켰다는 점에서 히틀러의 정책은 역사의 주목을 받을 것이다.

사회에 속한 사람이라면 누구나 그 사회가 권장하는 가치와 요구를 수용할 만하다고 느낄 때 행복하고 안전하다고 할 수 있다. 몸담을 직업과 고용이 보장되어 있다고 느끼는 경제적 안정감도 이에 도움이 해당한다. 이와 마찬가지로 자부할 만큼 훌륭하고 유구한 역사관은 많은 영국인에게 심리적 안정감을 제공하였다. 그 안정감은 거대한 잠재적인 무의식으로 강하게 작용하여 국가 위기 순간에 진부한 제도적 관행을 넘어서 눈에 띄게 놀랄 만한 충성심으로 표출되었다. 위대한 프랑스 사회학자 뒤르켕은 사회 통합의 강도가 가치관과 행동 규범에 얼마나 미치는지를 그 집단의 자살률로 입증하였다. 뒤르켕은 자살률이 그 사회의 통합 정도를 나타내는 기능을 한다고 주장한다. 그리고 사회 구성원들에게 가치 기준이나 규범을 제공하는 사회의 결집력을 뒤흔드는 위기인 무규범 상태인 아노미가 야기되어 사회가 무기력해진다고 주장한다. 주식시장이 붕괴하여 자본가가 방향을 잃고 표류하는 사례, 패전의 환멸감이 지휘관의 영도력에 대한 군인의 믿음을 무너뜨리는 사례, 실업이 노동자가 따라야 할 목적과 지표를 잃고 방황하게 하는 사례는 모두 아노미를 나타내는 증상들이다. 사회 가치가 전 국가적으로 붕괴하면 야만 민족의 침입으로 로마 제국이 몰락했던 것처럼, 역사적으로 볼 때 허황한 유행에 과도하게 집착하면 찬란한 문명은 사라지고 그 대신에 문명의 탈을 쓴 기형이 나타날 것이다.[2]

우리 사회는 정의를 실현하려는 다양한 제도와 통제 수단을 갖고 있다. 그중 가장 명백한 것이 폭력적이고 무자비한 행동을 형평의 잣대로 규율하는 법이다. 교육자는 사회를 통제하는 권력을 이해해야만 한다. 그래야만 교육자는 자유의 본질과 자유가 허용되는 한계를 제대로 이해할 수 있다. 루소와 그 추종자들은 인간이 자유로워지기 위하여 짊어져야 할 의무를 강조한 것처럼, 교육자도 학교 교육을 통해서 교육받는 사람이 의무적으로 준수해야 할 법이 어떻게 정당화되는지를 스스로 새겨야만 한다.

법이라는 공식적 통제 방식 이외에도, 사회에는 관습과 관행에서부터 경제적 보상을 차별하여 지급하는 등의 다른 제재와 통제 방식이 존재한다. 교육자가 자유와 권위, 규율과 통제의 본질을 제대로 이해하고 있다면 학생들이 장차 적응하고 살아갈 나은 사회가 어떠해야 하는지 파악할 수 있을 것이다.

가치문제는 사회학자와 심리학자 모두에게 지나칠 수 없는 중요한 문제다. 가치문제를 판단이나 선택의 정당화 문제로 본다면, 중요한 사안은 선택의 내용과 그 선택을 정당화하는 데 동원된 우리의 관념과 감정을 이해하는 일이다. 이와 마찬가지로 사회가 우리에게 수용하도록 권장하는 가치가 어떤 가치인지를 이해하는 일도 중요하다. 예를 들어서 오늘날 이른바 노동자 계층의 사례를 중세 장원시대 농노와 비교해 보자. 또 다른 예로, 오늘날 영국 여성의 지위가 반세기 전과 매우 다르다는 것을 들 수 있다. 이런 일이 어떻게 벌어졌으며, 이러한 변혁을 일으키는 데 여론을 주도한 주체는 누구였을까? 오늘날과 같은 새로운 가치 체제가 형성되는 데에는 교육이 매우 중요한 역할을 차지한다. 이와 관련하여 교육자는 사회 변화의 과정을 이해하고 같은 문화권에서도 하위문화라고 하는 서로 다른 가치 체제가 존재함을 깨달아야 한다.

가장 강력한 사회적 자극은 사회적 지위 상승이다. 사회적 지위 상승은 권력 획득을 통한 자긍심을 높여주고 권력에 따라오는 특권으로 상당한 권위를 부여한다. 사회 경력은 한편으로 사회 현상이지만, 다른 한편으로는 사람들이 살아가는 방식을 규정하는 삶의 패턴이기도 하다. 돈은 이 점에서 성공의 징표이다. 학벌, 학력, 전문성은 여러 방식으로 사회적 지위를 결정하는 준거이다. 이와 관련하여 교육자는 사회적 특권과 지위 상승의 근원이 무엇인지를 제대로 파악해야만 한다.

(2) 개인에 대한 사회 집단의 영향력: 그 형성과 본질

우리 중 누구도 태어난 가정, 인접한 이웃, 놀이 그룹, 학교생활, 교회, 스카우트 활동 등을 떠나 살 수는 없다. 이미 본서에서 가정과 가정을 이루게 하는 사회의 관계를 논의한 바 있다. 사회가 교육주체로 작동하는 다양한 방식을 탐색하는 일은 교육자에게 매우 중요한 일이다. 가정과 이웃, 여가를 즐기기 위하여 가족 구성원이 가입하여 모종의 습성을 획득하게 한 사회조직 등을 탐구한 방대한 환경 연구가 있다. 여기서 우리는 교육적 책임 소재가 가정으로부터 이러한 사회기관과 이에 몸담은 전문가에게 이행되고 있음을 파악해야만 한다. 따라서 교육자는 교육에 영향을 미치는 주체로서 학교, 이웃, 지역사회의 책임 소재가 어디에 있는지를 확인하도록 대비해야 한다.

가치문제 중 첨예한 사안은 일과 여가 사이에 존재하는 이분법이다. 수공업에서 산업사회로 이행하면서 노동의 본질과 가치에 대하여 생각이 근본적으로 바뀌었다. 이 변화와 함께 여가가 과거 공동선용의 방식에서 오늘날 대중 매체를 이용한 방식으로 변화한 것도 여가 시간 선용을 전담하는 기관이 생기도록 하였다. 기계화된 오늘날 여가는 상업화되었고 습관에 따라 규정된다. 이제 여가 생활에서 자발적인 창의성이란 찾아볼 수 없는 대신에, 음악과 연극 공연처럼 주어진 활동 참여 기회는 이전에 비하여 엄청나게 증대하였다.

우리는 문화를 특정한 행동과 지식의 유형을 뜻하는 하나의 용어로 규정할 수 있다고 인식해 왔다. 하지만 이제 우리는 한 사회의 서로 다른 수준에서 발생하는 문화의 연속성 문제에 직면하게 되었다. 다양한 특성을 담은 대중문화로 향하는 대변혁을 맞은 오늘날 우리는 이에 대처하고 해결할 방안을 갖고 있는가?

(3) 사회 구조

국가는 우리가 구분할 필요가 있을 때 가장 명료하게 구분 지을 수 있는 조직이다. 국가의 목적 중 하나는 국가 구성원으로서 각 개인이 행동해야 할 한계와 국가 내 집단과 국가 간의 이해관계의 한계를 명백하게 규정하는 데 있다. 국가 존립의 핵심인 주권자인 국민의 합의로 만들어진 국가는 그들의 동의 아래서만 그 책무를 수행할 수 있다. 하지만 이는 사실상 법리적이고 정치적인 허구일 뿐이다. 조직의 관점에서 보면 국가는 합법적인 행정 책임을 진다. 정부 조직을 통해서 국가 내 집단 간 갈등이나 집단 내 개인 간 갈등을 통제하는 권한을 집행하는 공직자들을 임명한다. 국가의 통제 수단은 권위와 권력을 사용하기도 하지만 우리가 흔히 '제도'라고 칭하는 경로를 통하여 확인할 수도 있다. 민주사회에서 최종적인 정치 통제는 국민의 손에 달려 있다. 하지만 이는 매우 애매한 개념일 뿐만 아니라 많은 이해 집단이 유권자의 영향을 주기 때문에 그릇된 방향에서 이해될 수도 있다. 대규모 사회에서는 정당과 같은 집단 조직이 없이 민주주의는 작동하지 않는다. 더욱이 정당은 어느 정당에도 가입하지 않은 다수 유권자가 자신의 정치적 견해와 가장 근접한 정책을 제시한 정당을 선택할 수 있다는 점에서 존재 의미가 드러난다.

민주적 명분에서 많은 정치적 책무를 의회로 이양하는 법률은 우리가 정책 결정을 할 많은 권리를 앗아가는 형국이다. 민주국가에서 국가 존립을 정당화하는 가장 근원적인 문제는 국가가 정치적 사안이나 개인사에 관하여 개별 국민에게 허용하는 자유의 정도에 달려 있다. 마르크스주의와 파시스트 노선을 추종하는 국가에서 이 문제는 아예 간과되어 버렸음이 명백하다. 교육자는 각양각색의 시민이 주장하는 노선을 수용하는 조직으로서 국가를 이해해야 한다. 국가가 이론적으로는 정치철학이나 윤리학의 기반에서 성립하는 조직으로 이해할 수도 있지만, 국가는 무엇보다도 행정 기구를 모두 총괄하는 상부구조다. 어느 국가이건 간에 일상생활에서 국민의 자유를 제한할 수 있는 행정 권력, 군과 경찰 조직과 의회 사이의 관계는 매우 중요하다. 교육자는 국가가 일정한 틀에 맞추어 권력을 집행하는 집단임을 반드시 이해해야 한다.

한 사회의 경제는 계층 구조와 갈등을 통하여 명백하게 확인할 수 있는 영역이며, 재산을 다양하게 통제하는 데서 그 중요성을 찾을 수 있다. 마르크스는 한 사회의 권력 장악은 생산수단을 소유하는 데 있다고 단언한 바 있다. 그 결과 그가 기대하는 사회에서 국가가 인민의 이름으로 생산수단을 소유하고 관리해야 한다고 주장하였다. 하지만 자본주의 사회 또는 사유재산이 인정되는 사회에서 소유권은 개인과 특정 집단에 맡겨져 있다. 교육자는 다양한 경제적 관점이 작동하는 동기를 이해해야만 한다. 그래야 그들은 학부모와 학생들의 경제관 형성에 도움을 주며, 교육자 스스로에게 학교라는 제도가 어떤 역할을 하는지 알 수 있기 때문이다.

교육자를 위한 사회학은 곧 교육자에게 사회가 작동하는 기제를 알게 하는 것이다. 교육자는 혁명과 개혁의 차이를 이해해야 하며, 민주주의는 합의에 따라 변화를 꾀할 수 있으며, 이는 전체주의 사회에서 사용하는 방법이 아니라는 점을 숙지할 필요가 있다. 민주주의는 갈등과 불신을 해결할 관용을 허용하면서 동시에 가능한 많은 자유를 행사할 수 있는 권리를 확고히 하도록 보장하는 제도로 정립되어야만 한다. 우리 사회에서 수긍하기 어려운 일은 면밀한 정치적 합의에 따른 변화에서만 찾을 수 있는 것만이 아니다. 학교 교육을 통한 영향은 물론 각종 광고판에 나붙은 광고와 여러 기술 발달로 인한 삶의 방식 변화도 우리가 감당하기 어려운 변화임에 틀림없다.

교육자는 사회학 연구를 통하여 우리 사회의 질서와 구조를 예리하게 이해할 필요가 있다고 나는 과감하게 주장한다. 또한 명시적이건 묵시적이건 사회라는 집단이 개인에 미치는 영향과 개인과 맺어지는 관계에 집중해야 한다고 주장한다.

2. 교육의 사회학

학교는 교육을 관장하는 유일한 대행자다. 학교는 가정, 산업구조, 교회, 사회단체, 사회복지, 대중 매체와 함께 역할을 이행한다. 우리는 형식적 교육과 비형식적 교육을 구분하기도 하지만, 학교가 미치는 모든 영향을 전반적으로 고려할 때 공식적 기구로서 위상을 떠나 학교의 중요성을 인정해야만 한다. 실제로 학교의 책무 중 일부는 학생들이 순식간에 끊임없이 이루어지지만 명백하게 인식할 수 있는 비공식적 영향을 감지하도록 하는 일이다.

우리는 서유럽 교육 이념을 고찰하면서 그 기원을 고대 희랍에서 찾고 그 이념이 2천 년 이상 지속되면서 다양한 교육 목적과 이념으로 변형되었다는 점을 익히 알고 있다. 교육 목적과 이념이 변하는 만큼 교육 방법도 변한다. 7세 희랍 소년은 암기식으로 철자를 배운 다음 밀랍 서판wax tablet에 글을 쓰도록 하였다. 두세 음절을 배우게 되면 일상에서 꼭 사용하지 않더라도 간단한 어휘를 학습한다. 이러한 암기식 교육은 여러 세기가 지나는 동안 그대로 유지되거나 변형되기도 하였지만, 지식은 이러한 방법적 테두리에 부가되고 누적되는 방식으로 습득되었다. 프로젝트 학습법과 경험 학습은 교과 사이의 장벽을 허물고 지식을 통합하려는 목적에서 최근에 시도되어, 학습자의 학습 주도력과 흥미를 증진하였다.

교육기관은 전문적 기준을 유지하고 의무교육에서 어떤 사회적 유형을 지향해야 하는가 하는 문제를 다루는 데 있어서 상당히 과거로부터 이어진 현상 유지 측면에서 상당한 영향을 받는다. 학교는 한 가지 종류의 인간을 배출하지 않는다. 그래서 19세기 사립학교가 사회 전반적으로 수용되는 덕목을 갖춘 인간상을 지향했음에도 사회의 보통 사람과 동떨어진 특정의 카스트 계층을 배출했다고 비판을 받는다.

만약 교육자가 우리 사회에서 사립학교와 대학의 위상에 어떤 변화가 일어났는지를 추적하려고 노력한다면, 그것은 높이 평가받을 만하다. 그러면 교육자들은 같은 교육기관임에도 불구하고 교육기관이 역사상 다른 시기에 다른 목적을 지향했다는 점을 발견할 것이다.

학교는 젊은이들이 사회적 가치를 수용하도록 함으로써 사회에 공헌하면서, 동시에 특권의 뜻을 함축하지 않고 완전히 중립적인 표현으로 하자면 사회적 선별 기능을 수행한다. 학교의 사회적 중요성에도 불구하고, 학교는 학교만의 노력이 아니라 학교가 속한 사회의 잣대로 평가받는다. 어떤 학교는 다른 학교보다 사회가 원하는 직업에 맞는 인재를 공급하기 때문에 명성을 얻는다. 다른 방식으로 설명하자면, 학교가 제공하는 직업 기회는 학교의 선별 기능을 설명하지만, 그 기능은 같은 학교에서 동일한 수준의 지적 능력에만 좌우되는 것이 아니라 사회경제적 요인에 따라 결정되기 때문에 학교의 위상을 달리 보게 된다. 이러한 문제를 분석하려면, 교육자는 '동등한 존중parity of esteem'이 무엇을 의미하는지를 면밀하고 자세하게 검토해야만 한다. 학교의 시설과 여건이 아무리 잘 조성되어 있다고 하더라도, 이 요소들은 학교의 명성을 가늠하는 핵심적 준거가 될 수 없다. 우리가 고려해야 할 사항은 학교 재학 연한, 교사의 자격과 역량, 학교가 제공하는 교육과정의 다양성, 학생들이 장차 획득할 직업 등이다. 우리가 교육기관을 이러한 방식으로 관찰하고, 다른 나라의 경우와 비교한다면, 우리는 사회에 의미 있는 역사를 기록할 수 있을 것이다.

3. 교수teaching의 사회학

학교가 어떻게 운영되는지 그 내면을 들여다본다면, 우리가 가장 중점적으로 고려해야 할 핵심 요인은 교육과정임을 발견하게 된다. 교장과 교사가 아이들을 돌보는 발달 단계에서 주어진 교육과정 이전에 강조하는 전제가 무엇인가에 따라 아이들이 교사에게 순종하는지 아니면 관심 주제를 놓고 비판적 시각을 갖게 되는지 큰 영향을 받게 된다. 어느 학교 건 바깥 세계와 학교 교육과정의 성격과 내용 간의 관계는 매우 중요하다.

학교생활은 학급 밖에서도 이루어진다. 학내 행사나 놀이에서 학교는 단결심과 자기 인식의 중요성을 강조한다. 이와 마찬가지로 교사-학생 관계에서도 학교의 심리적 분위기는 중요한 사안이 된다. 교사는 학생에게 친구가 되어야 하나, 동료 역할을 해야 하나, 지도자로서 역할을 해야 하나, 권위를 지닌 존재인가, 아니면 이 요소들의 복합적인 존재인가? 교사와 학생 사이에 사회적 거리를 어느 정도 두어야 하는가? 교사와 학급 학생들 사이에 명시적이건 묵시적이건 갈등이 존재한다면, 수업의 질과 학급 분위기는 전반적으로 우호적인 경우보다 다를 것으로 보인다.

물론 이에 대한 교사의 전형적인 반응을 안내하는 훌륭한 문헌도 있고, 사회의 누구나 수긍할 만한 권위 있는 인물상을 시사만화, 전설, 모범적인 일화 등을 통해서 구해 볼 수도 있을 것이다.

교사가 수행하는 역할은 아주 어려서부터 어른이 되기까지 학생의 삶에 다양한 방식으로 영향을 미친다. 교사 나이가 대입 준비 과정 학생보다 약간 많다면, 교사-학생 관계는 나이 많은 독신 여교사가 초등학교 저학년 아이를 가르치는 경우와 다를 것이다. 교육자라면 교사가 학교 조직에서 어떤 역할을 수행하며 나이가 들어가면서 변하는 인생관 등을 면밀하고 꾸준히 검토하는 일은 필요하고도 마음 내키지 않지만 매우 유익한 일이다. 다른 직업에서도 그렇겠지만, 청년, 중년, 노년에 따라 가르치는 직업에 대한 교사의 반응이 각기 다를 것이다. 그러므로 교육자는 이러한 사실을 직시하고 잘 대처해야만 한다. 동시에 교육자는 학교가 행정조직임을 인식하고,

학교 행정가의 역할이 자신과 다르다는 점을 인정해야 한다. 그래야 학교를 중심으로 하는 교육기관이 전체적으로 원만하게 운영될 것이다.

4. 결론

이제까지 논의는 교사를 위한 사회학에 필요한 내용, 교육의 사회학은 종합적이면서도 제한적임을 밝혔다. 이를 통하여 제안한 대강을 훑어보면, 전적으로 사회학적 관점에서만 해결하려는 시도는 적합하지 않지만, 사회학적 기반이 약하거나 이를 제대로 학습하지 않은 사람에게 사회학적 관점은 매우 폭넓은 안목을 제공할 것이다. 앞서 논의한 쟁점으로부터 특정 학생 문제에 맞는 내용을 자유롭게 제공받을 수도 있지만, 특정 쟁점을 선정하여 그 한계를 정한다면, 보다 상세하고 엄밀한 검토가 따라야 할 것이다. 그러면 숙련되지 않은 사람들이 날림으로 '교육사회학자'라고 사칭하지 않을 것이며, 그러한 날치기 지식으로 교육자의 명성과 전문성을 더럽히는 일을 막을 수 있을 것이다.

장차 교육자의 명성을 좌우하는 요인은 무척 많다. 지난날에는 은행가가 명성을 얻는 직업이었다. 민주적으로 운영되는 사회에서는 교사가 반드시 이에 맞는 역할을 훌륭하게 해내야 할 것이다. 이것이 교사가 자신의 직업을 공동체 삶을 이해하고 개선할 역할 수행으로 여김으로써 할 수 있는 최상의 과제다.

제5부
결　론

제15장
미　래

현 단계에서 교육사회학을 통한 이해 없이 온전한 교육활동이나 타당한 교육연구를 생각할 수 없다. 철학적 연구 방식, 심리학적 연구 방식이나 교수법 연구 방식과는 별도로, 우리는 교육이 작동하는 사회적 맥락의 중요성을 궁극적으로 깨닫게 될 것이며, 그러한 깨달음은 교육의 매 단계 새로운 통찰력을 창출할 것이다. 교육의 사회학적 접근의 필요성은 그 사회의 전통이 삶의 가장 중요한 국면을 통해서 수립된다는 사실에서 찾을 수 있다. 전통 시대에 교육은 아무런 거리낌 없이 기존의 사회질서로 순응하도록 아이들의 성장을 돕도록 하는 수단에 불과하였다. 하지만 잠재적 전수 수단이 효과를 발휘하지 못하게 되면, 교육은 그만큼 의도적인 방책을 도모하게 되었으며, 결과적으로 전수하는 방법이 잘 작동하는 상황에 관심을 돌려 개선책을 강구하게 된다. 이제 삶의 여러 국면에서 전통이 가져다주는 혜택에만 의존할 수 없게 되었다. 전통을 대체하게 하는 변화가 너무 급속하게 밀려와 잠재적으로 순응하는 데 머물 수 없게 만들어버렸다.

교육의 발전과 이론에 사회학적 접근이 결정적으로 공헌한 바는 교육목적과 교육 방법상 논쟁이 사회적 맥락을 떠나서는 의미가 없다는 사실과 함께 그 논쟁이 사회적 지향점을 가져야만 한다는 사실을 인식시켰다는 데 있다. 즉 누가 어떤 교육목적으로 무엇을 어떻게 가르쳐야 하는가 하는 질문이 사회학적 맥락에서 주어졌을 때만 의미가 있다.

비록 정교하지 않더라도, 교육적 가치와 그 수단을 사회적 맥락에 비추어 끊임없이 질문해야만 절대주의나 교의적 관점에 빠지지 않는다. 복음주의가 탄생할 당시에는 진리로 인식하였다 하더라도 지금처럼 변화하는 사회 상황에서 영속적으로 지위를 지니지는 못할 것이다. 복음의 역사를 면밀하게 관찰하면 그 진정한 의미는 꾸준히 재해석되어야 마땅하다. 이것만이 그간 주된 논쟁거리였던 종말론적 요소를 기독교의 역사에 통합 흡수하는 유일한 방법이다. 동시에 이것만이 세상의 실상을 진지하게 바라보지 않고 세속은 덧없다는 선험적 믿음의 결과로부터 거리를 둘 수 있는 유일한 길이다.

우리가 교육을 탐구하는 데 사회학적 기반을 구축하고자 하는 것은 학문적 입지를 굳건하게 하고자 할 전적으로 학문적인 이유 때문이 아니다. 우리가 확실하게 탐구하고자 하는 무엇인가 분명히 있다. 우리가 사회학적 탐구를 수행하는 데 있어서 놓칠 수 없는 무엇인가를 우리는 추적하고 있다. 우리는 현재 시대상을 알고자 하며 우리가 현재 안고 있는 난제가 무엇인지 알고, 어떠한 교육이 이에 부응할 수 있는가를 알고자 한다. 이러한 방향에 부응하려면 사회학은 필요한 도구이며 다음 두 가지 측면에 부응할 수 있다. 하나는 교육학의 독특한 한 분야를 창출하는 것이며, 다른 하나는 교육 연구에 있어서 새로운 접근방식을 제시하는 것이다. 접근방식이 다른 이 두 가지는 지속적인 상호 상승효과를 보일 것이다. 우리는 우리가 사는 사회를 깊이 있는 배경을 이해하기 위하여 역사를 연구하려고 하지만, 역사 연구는 이에 그치지 않고 현안 과제를 해결할 교육의 사회학적 이론 체계를 정립해야 한다는 관점에서 더욱 보강되어야 한다.

이미 지적한 바 있듯이, 사회학적 접근은 교육을 그 자체 목적으로만 관찰하는 데 그치는 것이 아니라 사회-역사적 역동성의

한 부분으로서 관찰해야 하며, 결국 교육에 상응하는 세계관 Weltanschauung 차원에서 다루어야 한다. 이를테면 아이들이 특정 사회에서 추상적인 것만을 배울 수 없다는 것을 사실로 인정한다면, 사회학자들은 그 사회가 절실하게 갈망하는 요구로부터 교육목적을 해석하는 일을 수행해야 한다. 하지만 역사상 거론되었던 모든 교육 목적들을 검토하는 것은 정상적 과업을 넘어서는 일이기 때문에, 현존하는 역사 연구 업적 중에서 타당한 몇 가지 잣대를 만들고 이를 통하여 몇 가지 유형들을 설정하는 것이 도움이 될 것이다. 이러한 점에서 나는 막스 베버가 설정한 교육 목적 유형을 주목할 필요가 있다고 본다. 그는 역사상 존재했던 교육을 세 가지 유형으로 구분한다. 하나는 카리스마 교육이고, 다른 하나는 문화에 초점을 둔 교육이며, 또 다른 하나는 전문 교육이다.

카리스마 교육Charismatic education은 마법의 시대 또는 종교가 사회적 정점에 있었던 시대에 우세했던 교육이다. 처음에는 교육을 통하여 인간에게 잠재된 숨은 힘을 불러일으키길 원하였으며, 이후에는 인간에게 종교적 직관을 각성시켜서 초월적 경험을 수용할 수 있도록 기대하였다. 어느 경우에도 교육이 지향하는 바는 특정한 내용이나 기술을 전달하는 것이 아니었으며, 비록 초인이 아니더라도 선택받은 소수가 태생적으로 지닌 능력을 고무시키는 데 있었다.

문화 교육education for culture은 카리스마 교육과 전혀 상반된 형태의 교육이다. 여기서 초점은 특정 사회 유형이 요구하는 자질을 내면화시키는 정형화된 교육 내용이 있다는 점이다. 이는 그 자체로 존중받는 가치이며 동시에 교육을 통하여 전수되는 삶의 양태를 결정한다. 교육받는 내용에만 그치는 것이 아니라 교육을 통하여 형성되는 모종의 힘이 강조된다. 고전학습을 통하여 고도의 정신력, 사고방식, 내면세계를 구성하는 성향과 감성을 획득한 영국의 신사나 중국의 관료는 이러한 교육의 좋은 사례이다. 부정할 수 없는 사실은 인문주의가 다양한 형태로 변신하여 사회적 차등을 낳는 기능을 수행하고 있다는 점이며, 여가와 잉여 에너지를 재생산하는 특권층만이 인문주의가 고취하는 삶을 즐기고 있다는 점이다. 지금 시점에서 인문주의에 대하여 진지하게 제기해야 할 사회학적 질문은 인문주의가 지니는 가치가 여가를 누리는 특권층에서 저소득층 또는 노동 계층에게도 전수될 수 있는가를 따져 보는 것이다.[1]

전문 교육specialist education은 전문성을 지닌 지식과 기능을 전수하는 것으로서 현대 산업사회가 필요로 하는 전문 인력을 공급하는 노동 분화가 이루어진 것과 매우 관련이 깊다. 이 교육은 종교교육의 주된 관심이었던 심층적인 자아 성찰과 비록 교육받은 소수가 지향한 이상이기도 했던 인문주의적 관점의 전인교육을 담지 못하는 단점이 있다. 비록 사회가 거대한 기계로 작동하도록 하는 톱니바퀴와 같은 필수재를 생산하기는 하지만, 전문 교육은 인간이면 모두 알아야 할 사회적 상황을 이해하는 데 필요한 정서와 정신 능력을 붕괴시켜 버렸다.

이 세 가지 교육이 어떤 방식으로 실현되었는가에 대한 사회적 기원을 철저하게 탐구한다면, 그것은 우리가 처한 현재의 사회적 상황을 이해하는 데 도움이 된다. 나아가서 이 작업은 세 가지 교육이 인간의 삶을 구획시켜 버리는지 아니면 개인의 매 발달 단계에서 각기 다른 역할을 하는지를 결정하는 데도 도움이 된다. 비록 그 역사적 전개가 제각기 다르기는 하지만 세 가지 교육 유형은 상호 배타적이라기보다는 상호 보완적이기 때문에, 그들의 독특한 특성을 꾸준하게 파악해 본다면 오늘날 교육에 적용할 여지는 충분하다.

교육내용, 교육목적 그리고 교육적 이상이 사회에 따라 다를 뿐 아니라, 인간의 보편적 특성이라 여겨지는 내용들이나 심지어 헤아릴 수 없는 경험의 형식들도 세계관 변화에 따라 달라진다. 독일어로 'Erlebnisformen'이라고 하는 경험의 형식이 변모하는 특징은 그 자체가 매우 의미 있는 주제가 된다. 이러한 경험의 형식이 변화하는 추세는 국면마다 보이지 않는 통로를 통하여 일어나지만, 그러한 변화들은 사안이 사소하건 중대하건 간에 사람이 삶의 목적을 결정하는 데 있어서 영향을 미친다. 그러한 변화란 곤혹스러움을 피하려고 하며, 변화 자체를 회피하려고 하기도 하지만 때로는 맞서서 헤쳐 나가려고 하며, 변화가 언어적 수사에 빠져 실행력을 잃기도 하거나 심미적 자기만족을 꾀하려 하며, 애정과 감상感傷의 형태로 변하여 인간관계를 바꾸어 놓기도 하며, 심지어 변화가 장벽을 쌓거나 거리감을 두게 하는 등, 어쨌건 이 모든 변화가 주변 환경에서 발생한다는 점이다.

비록 이러한 인간 경험이 변화하는 양상이 선천적이거나 과거로부터 잠재된 무의식으로부터 보이지 않는 형태로 비쳐져서 교육목적으로서 인식될 만큼 의미 있는 수준은 아닐지언정, 그것을 의미 있는 것으로 재생하기 위해 상당한 주의를 기울여야 할 것이다. 우리 문명사회의 황폐화 징조는 인간의 성정을 계발하는 데 게을리하거나 그것을 통제하려 시도하지 않았던 데에 기인한다. 이러한 무관심은 가정과 지역사회가 교육력을 상실하는 사회적 상황에서 대중의 갈증을 해소해 주고 새로운 경험 양식을 제공해 준다는 영화, 텔레비전, 라디오, 언론과 같은 세속적 매체에 인간의 심성을 맡겨두는 꼴이다.

인간의 기본적 심성 연구를 위해서, 거기에는 인간의 기본적인 덕목에 관한 역사적 고찰이 반드시 포함되어야 할 것이다. 기본적인 덕목 중에는 전 세계적으로 수용할 수 있는 것도 있다. 이를테면 전통사회에서 가족, 이웃 그리고 지역사회와 같은 일차적 집단이 정립한 애정과 상부상조와 같은 기본 덕목을 들 수 있다. 하지만 이러한 기본 덕목과는 별도로 사회마다 지니는 독특한 기본 덕목들이 있다. 예를 들어서, 용기와 경건은 모든 사회가 동일 방식으로 인식하지 않는다. 중국에서 평정심이 일어나면 영웅심은 유교 원리에 비추어 부정된다는 특징을 들 수 있으며, 역사적으로 경건의 의미는 각기 사회마다 세대마다 수행하는 역할에 따라 변화한다. 이런 점에서 보면, 저항감과 자존감은 자기통제를 기본 덕목으로 삼는 사회지도 엘리트층의 존재감과 연결되는 덕목이다. 중세 기사의 절제는 그 시대의 계층을 대표하는 덕목으로 가장 좋은 예이다. 미사여구 능변은 시장 경제와 민주사회에서 요구하는 덕목이지만, 역사적으로 예수회의 명석 달변의 긍휼함*sapiens et eloquens pietas* 이념처럼 근본 덕목을 강조하는 데서 어두운 측면을 드러내기도 한다.

인간의 기본 덕목을 역사적 맥락에서 연구하는 것은 그것이 오늘날에도 부합하는지를 살펴서 그 중에서 어느 것을 활용할 수 있는지를 판단하는 데 도움이 된다. 인간의 기본 덕목이 사회가 존속하는 데 필수불가결한 최소한 요소로 기능한다는 점을 확인할 수 있다면, 그것은 곧 오늘날 자본주의 사회에서 기존의 기본 덕목이 왜 해체되어야 하는지를 알게 할 수도 있다. 그렇다면 이러한 연구는 모름지기 기본 덕목이 직간접적으로 전수되는 데 요구되는 기법이 어떠해야 하는지를 보여줄 것이다.

물론 어떤 세계관이건 그 구성요소로서 인성과 기본 덕목만을 사회적 맥락에서 연구해야 할 것은 아니다. 보다 종합적인 삶의 패턴을 이해해야 특정 사회의 변화와 존속에 요구되는 것이 무엇인지 파악할 수 있을 것이다. 우리와 같은 산업사회에서 운명이나 생활사를 중시한 소박한 사고가 경력을 중시하는 관료적 사고로 변질되었다. 이렇게 변모하는 사회에서 다양한 삶의 형식들을 확인할 수 있는 상징체들이 더욱 의미 있는 존재로 다가온다. 아득한 고대의 현자, 종교적 성인, 수도승, 이단자, 순교자, 금욕주의자, 중세 기사, 그리고 근대사회의 정직한 시민, 의로운 시민은 모두 역사적으로 교육이 체계적으로 추구한 삶이었다.

우리는 사회적으로 수긍할 삶의 패턴을 창출하는 시대적 경향을 결코 간과해서는 안 된다. 젊은이들이 그들 존재가 자연과 어떤 관련을 맺고 있는가를 확인할 수 있는 새로운 인간관을 창출하고자 하는 것은 두말할 여지가 없다. 정신분석학은 통제 불능의 무의식적

억압, 공포, 분노가 창출하는 왜곡된 모습을 피하고 실상을 파악할 수 있는 삶의 패턴을 구축하려고 노력해 왔다. 결코 사실을 과장하지 않는 잉글랜드 사람의 관점에서도 자기통제와 상식을 존중함을 알 수 있다. 노동 생산성 증대를 꾀한 스타하노프 운동은 러시아인에게는 공동체를 위하여 개인을 희생하는 등 인민을 열광시키는 선구적 이념으로 자리 잡았다.

교육의 사회학적 연구의 또 다른 성과는 서로 다른 인종과 지리적 여건 그리고 계층을 통합하는 문제를 다룬다는 점이다. 고등교육에서는 의식적이건 무의식적이건 다양한 부류의 사람들이 참여하도록 하는 균형을 이루어 낼 수 있다. 한때는 이러한 균형이 각 계층에 나름대로 문화적 공헌을 하였던 영주제도와 카스트 제도에 근거하여 이루어졌음을 알 수 있다. 예를 들어서, 중세 사회에서 종교적 영향이 비록 정신적인 수준은 달리 하지만 농노들에게도 미쳤기 때문에 도시 형성에 기여한 바 있다. 당시 학식을 갖춘 사람들과 성직자들은 지적으로 매우 높은 수준을 유지할 수 있었던 것은 합리적 신학을 배운 종교적 경험 때문이다. 중세 기사들이 올바른 행동을 통하여 세속적 정의를 구현한 것도 이 때문이다. 게다가 서로 다른 사회 계층의 문화적 입장이 상호 교류한 결과에 민주적 이념이 부과되었다. 민주적 이념은 하류 계층의 천부적 자질을 지닌 이들이 엘리트 계층으로 접근할 수 있도록 하고, 사회적 선발 방식이 공정하도록 꾀하여 분열되지 않고 통합된 대중에 의하여 사회가 유지되도록 집중하였다. 민주적 이념은 사회 계층의 분할과 고립을 막아내야 하는 매우 복잡한 과정을 요구한다.

서로 다른 사회적 세력을 문화적 측면에서 통합한다는 것은 상호 적대적인 요인을 찾아 융해하는 일이다. 이를테면 학교 교육과 현실 생활, 노동과 여가, 이론과 실제, 통제와 자유, 개성과 협동, 보수와 진보 등에서 나타나는 대립을 통합하는 것이다. 이러한 연구를 수행하면, 통합을 통하여 얻어지는 것과 분열과 대립을 통하여 얻어지는 것이 무엇인지를 모두 알 수 있다. 이를테면 현대사회 변혁을 주도한 산업혁명의 결과를 연구하는 것은 킹슬리Kingsley, 모리스Morris, 러스킨Ruskin 그리고 이후에는 사회주의자들이 내린 비판이 무엇인지를 알 수 있다는 점에서 매우 중요하다.

우리 사회를 연구함에 있어서 교육 문제를 사회구조의 근본적 변화를 통하여 설명해야만 그에 대한 사회학적인 처방을 제시할 수 있다는 점을 반드시 염두에 두어야 한다. 우리가 살고 있는 시대는 협동이라는 새로운 삶의 형태에 근거한 기획의 시대이며, 전통과 진보의 대립이 모두 와해하는 시대이며, 소수 엘리트에서 대중이 영향을 주는 민주 시대이지만, 통제 불능의 힘이 인간성을 말살하고 인격을 파탄시키는 시대임을 알아야 한다. 결과적으로 교육은 곧 파시즘이나 황폐한 자유방임적 무질서가 자리 잡지 못하도록 통제할 수 있는 새로운 제도인 셈이다.

무엇보다도 교육의 배경을 역사적으로 파헤치는 모든 연구는 현재 당면한 현안 과제를 더욱 이해하는 데 맞추어져야 한다. 그러한 역사 연구를 얼마나 수행하며, 어떤 주제에 초점을 맞출 것인가는 현재 시급한 교육적 난제를 해결하는 유용한 수단을 제공하는가에 달려 있다. 현재 시급하게 해결해야 할 당면한 과제가 무엇인가를 파악하고 또한 그것을 역사적 견지에 비추어 조망해 보는 일이 매우 유용할 것으로 보인다.

우리가 착수해야 할 첫 번째 과제는 현대사회가 추구해야 할 교육목적이 무엇인가를 결정하는 일이다. 그 중심에 개인의 삶을 형성하는 가정, 교회, 학교, 공장 및 공공 생활의 제 영역이 조화를 이룰 방안을 탐색하는 일이 자리 잡아야 한다. 그렇다면, 역사 연구는 당면한 교육 현안을 해결하는 실제 전략을 수립하는 목적에 따라 현존하는 교육제도를 이해하는 보완책일 수밖에 없다.

모름지기 우리 사회의 쇠퇴는 선도적인 엘리트 지도층의 붕괴에 따른 것이며, 민주 원리에 따라 합당한 사회적 선별이 이루어지고 엘리트 계층의 영향력을 조절할 수 있다면 대중사회가 문화적 주류를 형성해야 한다는 결론에 이를 것이다.

인문주의 이상이나 종교적 교의가 당면한 위기는 우리가 가장 관심을 갖고 다루어야 할 작업일지도 모른다. 이 문제는 궁극적으로 인성의 해체와 인간성 상실을 야기하는 핵심적 사안이다. 현대사회의 노동에 대한 인식과 여가의 문제는 다른 어느 문제보다도 집중적으로 논의되어야 마땅하다.

당장 추진해야 할 작업은 이제까지 제시된 여러 방안과 시급한 현안들을 선정하여 이 문제들을 더욱 세심하고 심층적 연구 주제로 삼아 탐구해야 할 것이다. 현안 문제를 선정한 경우에도 연구 문제가 너무 포괄적이지 않도록 해야 할 것이다. 또한 연구 주제에 합당한 일차적인 실증자료를 토대로 하고 합당한 문헌을 탐색하여 해결책을 도출할 수 있어야 한다. 당장 급한 대로 우수 교사, 전문가, 사회운동가 중에서 연구를 선도할 엘리트를 선발하여 사회학적 지식을 토대로 한 오리엔테이션을 하여 연구의 정합성과 실천력을 함양하도록 할 필요가 있다.

미주

제1장

[1] DEWEY, John: *Democracy and Education*. New York, Macmillan Co., 1916, p. 144, 그리고 HORNE, H. H.: *The Democratic Philosophy of Education*. New York, Macmillan Co., 1932. 참조하라.

[2] PAINTER, F. V. N.: *Luther on Education*. Philadelphia, Lutheran Publication Society, 1899.

[3] 두 자료(*Education in 1958*과 *Returns from Universities and University Colleges 1958-59*)를 대략 비교해 보면, 1958년에 14~15%에 해당하는 10~11세 아동이 선발고사에 따른 중등학교로 진학한 것으로 나타났다. 대략 57만 2천 명의 18세 학생 중 2만 2천 명이 적시에 잉글랜드와 웨일스의 대학에 진학한 것으로 나타났다. 이는 동일 연령의 약 4%에 불과하다.

[4] 다음을 참조하라.

CLARKE, Sir Fred: *The Study of Education in England*. London, Oxford University Press, 1943.

HOCKING, W. E.: *Man and State*. New Haven, Yale University Press, 1926.

클락 경은 자신이 출간한 책 *Freedom in the Educative Society* (University of London Press, 1948)에서 자신과 호킹의 생각을 집약한 바 있다. 그는 이 책을 칼 만하임에게 헌정하였다.

[5] ADAMS, Sir John: *The Evolution of Educational Theory*. London, Macmillan, 1912.

제2장

[1] 데이비드 스토우의 저작에 관하여 다음을 보라.

CURTIS, S. J.: *History of Education in Great Britain*. London, University Tutorial Press, Ltd., 1948. 아울러 다음도 참조하라.

STOW, David: *The Training System*. Glasgow, 1840.

[2] 제1장 미주 [5]에 소개한 애덤스 경의 저술 참조하라.

[3] 딜다이에 관하여 다음을 참조하라.

HODGES, H. A. (ed.): *Dilthey, Wilhelm: Selected Readings from His Works and an Introduction to His Sociological and Philosophical Work.* London, Routledge and Kegan Paul, 1952.

[4] MILL, J. S.: 'Inaugural Address at St. Andrews', published in CAVENAGH, F. A.: *James and John Stuart Mill, on Education.* Cambridge Univ. Press, 1931, pp. 132−198.

제3장

[1] DEWEY, John: The School and Society. Revised ed. Chicago, 1916.

아울러 제1장 미주 [4]의 클락 경 저술을 참조하라.

[2] VEBLEN, Th.: The Theory of Leisure Class. New York, Macmillan Co., 1912.

[3] JAMES, William: Talks to Teachers on Psychology. London, Longmans, Green & Co., 1899.

[4] BAUDOUIN, C.: *Suggestion and Autosuggestion*. London, Allen & Unwin, 1920.

[5] FREUD, S.: *Introductory Lectures on Psycho-Analysis*. London, Allen & Unwin, 1923.

FREUD, S.: *New Introductory Lectures on Psychoanalysis*. New York, Norton, 1933; London, Hogarth Press, 1935.

[6] 힐 형제에 관해서는 다음을 보라.

ADAMSON, J. W.: *English Education 1789-1902*. Cambridge University Press, 1930.

엣지워즈의 친구인 토마스 데이에 관해서는 다음을 보라. CURTIS, S. J. and BOULTWOOD, M. E. A.: *A Short History of Educational Ideas*. London, University Tutorial Press, 1953, p. 392.

엣지워드 가문(R. L. Edgeworth와 Practical Education의 저자인 그의 딸 Maria)은 19세기 초 잉글랜드 교육의 선구적 역할을 하였다.

[7] WHEELER, Olive: *The Adventure of Youth*. University of London

Press, 1945, p. 12.

이 장에서 논의된 주제와 관련하여 칼 만하임이 언급한 책은 다음과 같다.

FLUGEL, J. C.: A *Hundred Years of Psychology*. London, Duckworth, 1937.

HORNEY, K.: *New Ways in Psychoanalysis*. New York, Norton & Co., 1939.

HORNEY, K.: *The Neurotic Personality of Our Time*. New York, Norton & Co., 1937.

RAZRAN, G. H. S.: 'Conditioned Responses.' A classified bibliog－raphy, *Psychological Bulletin*, Vol. 34, 1937, pp. 191－256.

WOODWORTH, R. S.: *Contemporary Schools of Psychology*. New York, The Ronald Press, 1948. (영국 출판은 1931년임.)

제4장

[1] 다음을 참조하라.

LIVINGSTONE, R. W.: *Greek Ideals and Modern Life*. London, Oxford University Press, 1935, and Harvard University Press, Cambridge, Mass.

JAEGER, W.: *Paideia – The Ideals of Greek Culture*. 3 vols., Oxford, Blackwell, 1934－36.

ROSS, J. S.: *Groundwork of Educational Theory*. London, Harrap, 1942.

[2] 다음을 참조하라.

WILKINS, A.: *Roman Education*. Cambridge University Press, 1921.

GWYNN, A.: Roman Education from Cicero to Quintilian. London, Oxford University Press, 1926.

[3] 다음을 참조하라.

RASHDALL, Hastings: *The Universities of Europe in the Middle Age*. 3 vols. New edition edited by Sir F. M. Powicke and A. B. Emden, London, Oxford University Press, 1936.

ARMYTAGE, W. H. G.: *Civic Universities*. London, Ernest Benn, Ltd., 1955.

[4] MARTIN, A. V.: *Sociology of the Renaissance*. London, Routledge and Kegan Paul, 1944.

[5] FROMM, E.: *The Fear of Freedom*. London, Kegan Paul, Trench, Trubner & Co., 1942.

[6] MARSHALL, T. H.: 'The Nature and Determinants of Social Status' in Year Book of Education 1953. Joint Editors: R. K. Hall, N. Hans, J. A. Lauwerys. London, Evans Bros., 1953, p. 32.

신사에 관하여는 이 책의 pp. 37－41 참조하라.

[7] DEFOE, Daniel: *The Compleat English Gentleman*. Ed. by D. Bulbring. London, D. Nutt, 1890.

더욱 자세한 내용은 다음을 참조하라.

MACEACHRAN, F.: 'The Gentleman Ideal', *The Nineteenth Century*, Vol. CIV, Dec., 1928, pp. 824－35.

PALMER, A. S.: *The Ideal of a Gentleman*. London, Routledge, 1908.

HUIZINGA, J.: *Homo Ludens*. London, Routledge and Kegan Paul, 1949.

[8] 다음을 참조하라.

FITCH, Sir Joshua: *Thomas and Matthew Arnold*. London, William Heinemann, 1897.

WHITEHOUSE, J. H.: *The English Public School*. London. Richards, 1919.

MACK, E. C.: *Public Schools and British Opinion*. 2 vols. Vol. 1: 1780－1860. London, Methuen, 1938; Vol. 2: Since 1860. New York, Columbia University Press, 1941.

[9] 만하임이 이 장에서 논의한 문제들에 관해서는 다음을 참조하라.

CURTIS, S. J.: *History of Education in Great Britain*. London, University Tutorial Press, Ltd., 1948.

CURTIS, S. J. and BOULTWOOD, M. E. A.: *A Short History of Educational Ideas*. London, University Tutorial Press, Ltd., 1953.

LÖWE, Adolf: *The Universities in Transformation*. London, The Sheldon Press, 1940.

RUSK, R.: *The Doctrines of the Great Educators*. London, Macmillan, 1945.

제5장

[1] NUNN, Sir Percy: *Education: Its Data and First Principles*. London, Edward Arnold, 1930, p. 9.

[2] DEWEY, John: *Reconstruction in Philosophy*. New York, Henry Holt, 1920, pp. 207－8.

[3] ABBOTT, T. K.: *Kant's Theory of Ethics*. London, Longmans Green, 1909.

KANT, Immanuel: *Paedagogik*. (*Kant on Education*.) Trans. by A. Churton. London, Keagn Paul, Trench and Trubner, 1899.

제6장

[1] MORGAN, T. H.: 'Are Acquired Characteristics Inherited?' *The Yale Review*. Vol. 13; July, 1924.

[2] DEWEY, John: *Human Nature and Conduct*, New York, Holt, 1922, p. 128.

[3] HULL, Clark, L.: 'Conditioning: Outline of a Systematic Theory of Learning.' *Forty-first Yearbook. National Society for the Study of Education*. Part Ⅱ: *The Psychology of Learning*. Ed. H. B. Henry. Chicago, University of Chicago Press, 1942, pp. 61－95.

[4] PAVLOV, J. P.: *Lectures on Conditional Reflexes*. London, Oxford University Press, 1927.

[5] HILGARD, E. R.: Theories of Learning. New York, Appleton－Century－Crofts, 1948, p. 11.

[6] WATSON, J. B.: *Behaviorism*. New Year, People's Institute Publishing Co., 1924.

[7] 다음을 참조하라.

KOHLER, W.: *Gestalt Psychology*. New York, Liveright, 1929.

KOFFKA, K.: *The Growth of the Mind*. London, Kegan Paul, Trench, Trubner & Co., 1928.

KOFFKA, K.: *Principles of Gestalt Psychology*. New York, Harcourt, 1935.

[8] MacDougall에 관해서는 다음을 참조하라.

MACDOUGALL, W.: *An Introduction to Social Psychology*. Boston, John W. Luce, 1926.

MACDOUGALL, W.: *An Outline of Psychology*. London, Methuen, 1923.

Burt에 관해서는 다음을 참조하라.

BURT, C.: *How the Mind Works*. London, Allen & Unwin, 1935.

BURT, C.: *The Factors of the Mind*. London, University of London Press, 1940.

[9] 다음을 참조하라.

HEALEY, W., BRONNER, A. F. and BOWERS, A. M.: *The Structure and Meaning of Psychoanalysis*. New York, Knopf, 1930.

HEALEY, W.: *Personality in Formation and Action*. London, Chapman, 1938.

또한 제3장의 미주 [5]를 참조하라.

[10] Erickson에 관하여, ERICKSON, E. H.: *Childhood and Society*. London, Lmago. N.d.

Kardiner에 관하여 제9장 미주 [2]를 참조하라.

H. S. Sullivan에 관하여, MULLAHY, Patrick: *Oedipus — Myth and Complex. A Review of Psychoanalytic Theory*, with an Introduction by Erich FROMM. New York, Hermitage Press, 1948. 특히 제10장 참조.

또한 Karen HORNEY에 관하여 이 책의 제8장을, Erich FROMM에 관하여 제9장을 참조하라.

[11] THORNDIKE, E. L.: *Fundamentals of Learning*. New York, Teachers College, Columbia University, 1913.

THORNDIKE, E. L.: *Human Nature and the Social Order*. New York, Macmillan, 1940.

THORNDIKE, E. L.: *The Psychology of Learning*. New York, Teachers College, Columbia University, 1913.

[12] 다음을 참조하라.

GUTHRIE, E. R.: *The Psychology of Learning*. New York, Harper, 1935.

SMITH, S. and GUTHRIE, E. R.: *General Psychology in Terms of*

Behavior. New York, Appleton, 1921.

GUTHRIE, E. R.: *The Psychology of Human Conflict*. New York, Harper, 1938.

[13] SKINNER, Ch. E.: *Educational Psychology*. London, Staples Press, 1936.

SKINNER, Ch. E.: *The Behavior of Organisms*. New York, Appleton－Century, 1938.

[14] DOLLARD, J. and MILLER, N. E.: *Frustration and Aggression*. New Haven, Yale University Press, 1939.

[15] ALLPORT, G. W.: *Personality. A Psychological Interpretation*. New York, Henry Holt, 1937.

[16] 다음을 참조하라.

WOODWORTH, R. S.: *Dynamic Psychology*. New York, Columbia University Press, 1918.

WOODWORTH, R. S.: *Experimental Psychology*, New York, Holt, 1938.

제7장

[1] 제6장의 미주 [3]과 미주 [9] 참조.

[2] MEAD, G. H.: *Mind, Self and Society*. Chicago, University of Chicago Press, 1934.

[3] 칼 만하임이 이 장의 주제와 관련한 언급한 문헌은 다음과 같다.

BAGLEY, W. C.: *Determinism in Education*. Baltimore, Warwick and York, 1925.

BAGLEY, W. C.: *The Educative Process*. London, Macmillan, 1923.

BAGLEY, W. C.: *Educational Values*. New York, Macmillan, 1911.

DASHAIELL, J. F.: 'A Survey and Synthesis of Learning Theories.' *Psychological Bulletin* (American Psychological Bulletin), Vol. 32, 1935, pp. 261－275.

DOLLARD, J. and MILLER, N. E.: Social Learning and Imitation, New Haven, Yale University Press, 1941.

JENNINGS, H. S., WATSON, J. B., MEYER, A. and THOMAS, W. I.:

Suggestions of Modern Science Concerning Education. New York, Macmillan Co., 1917. Reissued 1946.

W. I. Thomas의 다음 논문은 상게서 pp. 159-197. 'The Persistence of Primary Group Norms in Present day Society, and their Influence in our Educational System.'

MCCONNELL, T. R. (*et al.*): 'The Psychology of Learning' in the *Forty-first Yearbook, National Society for the Study of Education*. Part Ⅱ: *The Psychology of Learning*. Chicago, The University of Chicago Press, 1942.

MURPHY, G. MURPHY, L. B. and NEWCOMB, T.: *Experimental Social Psychology*. New York, Harper, 1937.

THOMAS, W. I. and THOMAS, D. S.: *The Child in America*. New York, Knopf, 1928.

THOMAS, W. I.: *The Unadjusted Girl*. Boston, Little, Brown & Co., 1920.

THOMAS, W. I.: The *Behavior Pattern and the Situation*. Northampton, Mass., Publications of the American Sociological Society, 1928, 1-3.

제8장

[1] 다음을 참조하라.

ICHHEISER, G.: 'Zur Psychologie des Nichtkönnens', Engelmann's *Archiv für die Gesamte Psychologie*. Leipzig. Vol. 92, 1934.

JACOBY, Heinrich: 'Die Befreiing der Schöpferischen Kräfte dar-gestellt am Beispiele der Musik.' Sonderdruck aus: *Das Werdende Zeitalter*. 4. Jg. 4. Heft. Gotha, Kotz, 1925.

이와 함께 JACOBY, Heinrich: *Jenseits von Musikalisch und Unmusikalisch*. Stuttgart, Enke, 1925.

아울러 추가로 다음을 참조하라.

AICHHORN, A.: *Wayward Youth*. London, Putman, 1936. (독일어 원제 Verwahrloste Jugend.)

보다 더 정신분석학적 관점에서는 다음을 보라.

LANDAUER, K.: 'Intellektuelle Hemmungen'. Zeitscrift für *Psychoanalytische Padagogik*. No. 11－12, 1930.

[2] ADLER, Alfred: *Understanding Human Nature*. London, George Allen & Unwin, 1930.

[3] FENICHEL, Otto: *The Psychoanalytic Theory of Neuroses*. New York, Norton & Co. 1945.

[4] 다음을 참조하라.

SCHONNELL, F. J.: *Backwardness in the Basic Subjects*, Edinburgh, Oliver & Boyd, 1942.

BURT, C.: *The Backward Child*. University of London Press, 1937.

BURT, C.: *The Subnormal Mind*. London, Oxford University Press, 1935.

추가로 다음을 참조하라.

BURT, C.: *The Factors of the Mind*. An Introduction to the Factor Analysis in Psychology. London, University of London Press, 1949.

[5] BURLINGHAM, D. and FREUD, Anna: *Infants Without Families*. London, Allen and Unwin, 1946.

제9장

[1] PLATO: *The Republic*. Translated with and Introduction by A. D. Lindsay. London, Dent, 1935, Book Ⅶ.

[2] 다음 문헌을 보라.

LINTON, R.: The Study of Man. New York, Appleton－Century Crofts, 1936; KARDINER, A.: *The Psychological Frontiers of Society*. New York, Columbia University Press, 1945; KARDINER, A.: *The Individual and His Society* with a Foreword and two anthropological reports by R. LINTON. New York, Columbia University Press, 1939.

[3] COOLEY, C. H.: *Human Nature and the Social Order*. New York, Scriber, 1928.

[4] PIAGET, J.: *The Language and Thought of the Child*. London, Kegan Paul, 1926.

[5] ISAACS, Susan: *The Intellectual Growth in Young Children*. London,

Routledge, 1930.

[6] MORENO, J. L.: Who Shall Survive? New York, Nervous Diseaes Publishing Co., 1934.

[7] 윌리엄 제임스에 관한 내용은 제3장 미주 [3]을 참조하라.

[8] 미드에 관한 내용은 제7장의 미주 [2]를 참조하라.

[9] HARTSHORNE, H. and MAY, M. A.: *Studies in Deceit*. New York, Macmillan Co., 1938.

[10] RANK, Otto: *Beyond Psychology*. New York, Dover Printing Co., 1941.

제10장

[1] 음악교육 문제에 관한 자코비의 연구는 제8장 미주 [1]을 참조하라.

[2] MORENO, J. L.: *Psychodrama*. Vol. Ⅰ. New York, Beacon House, 1946.

[3] DEWEY, John: *The School and Society*. University of Chicago Press, 1916, p. 90.

제11장

[1] 이 문제는 다음을 참조하라.

WEBER, M.: *The Protestant Ethic and the Spirit of Capitalism*. (Translated by Talcott Parsons.) London, Allen and Unwin, 1930; TROELTSCH, Ernest: *The Social Teaching of the Christian Churches*. 2 vols. London, Allen and Unwin, 1931; FROMM, Eric, op. cit.

[2] MANNHEIM, Karl: *Systematic Sociology*. Edited by J. S. Erös and W. A. C. Stewart. London, Routledge and Kegan Paul, 1957. (경쟁과 사회 협동의 기능에 관하여 제6장과 제7장 참조하라.)

제12장

[1] PLATO: *The Republic*. Translated with and Introduction by A. D.

Lindsay. London, Dent, 1935.

[2] COOLEY, C. H.: *Social Organization. A Study in the Larger Mind*. New York, C. Scribner and Sons, 1909; COOLEY, C. H.: *Human Nature and the Social Order*. New York, C. Scribner and Sons, 1928.

[3] RICHMOND, W. K.: *The Permanent Values in Education*. London, Society for the Promotion of Christian Knowledge, 1920.

[4] WATSON, Goodwin: 'A Comparison for the Effects of Lax versus Strict Home Training.' Pronincetown, Mass.. *Journal of Social Psychology*. Vol. Ⅴ, No. 4, 1934, pp. 102－105.

[5] COOK, L. A.: *Community Backgrounds in Education*. New york, McGraw Hill, 1938. 이 책은 본 장의 이하 부분에 언급한 주제를 가장 잘 다루고 있다.

[6] ISAACS, Susan: *The Children We Teach*. London, University of London Press, 1932; BOWLEY, A. H.: *The Natural Development of the Child: Problems of Family Life*. Edinburgh, E. and S. Livingstone Ltd., 1946; BÜHLER, Charlotte: *The Child and His Family*. London, Kegan Paul, Trench and Trubner, Ltd., 1940.

제13장

[1] WALLER, W.: *The Sociology of Teaching*. New York, John Wiley & Sons, 1932, p. 297.

[2] 다음을 참조하라. LANE, Homer, T.: *Talks to Parents and Teachers*. New York, Hermitage Press, 1949; BAZELEY, E. T.: *Homer Lane and the Little Commonwealth*. London, Allen & Unwin－Heinemann, 1928.

[3] NEILL, A. S.: *The Dreadful School. Hearts not Heads in School. Problem Parents*. All published by Jenkins, London.

[4] HEMMING, James and BALLS, Josephine: *The Child is Right: a Challenge to Parents and Other Adults*. London, Longmans Green, 1947.

[5] WALLER, W. 전게서, p. 8.

[6] FINNEY, Ross L.: *A Sociological Philosophy of Education*. New York, Macmillan Co., 1928, p. 160.

[7] WALLER, W. 전게서, p. 9.

제14장

[1] LYND, R. S.: *Knowledge for What?* Princeton, University Press, 1939.

[2] DURKHEIM, Emile: *Suicide: A Study in Sociology*. London, Routledge and Kegan Paul, 1952. Glencoe, Ill., The Free Press, 1951.

[3] 이 장에서 언급한 주제에 관하여 다음 문헌을 참조하라.

MANNHEIM, Karl: *Man and Society in an Age of Reconstruction*. London, Kegan Paul, Trench, Truber & Co., 1940.

MANNHEIM, Karl: *Diagnosis of Our Time*, London, Kegan Paul, Trench, Truber & Co., 1943.

NOHL, H. and PALLAT, L.: 'Die Soziologischen Grundlagen der Erziehung.' In: *Handbuch der Paedagogik*, Vol. 2, chapter 3. Langensalza, Julius Beltz, 1929.

ROUGEK, J. S. *et al.*: *Sociological Foundation of Education*. New York, Thomas J. Crowell Co., 1942.

Young, K.: *Social Attitudes*. New York, Henry Holt, 1931.

WARNER, W. L.: 'Formal Education and the Social Structure.' *Journal of Educational Psychology*. New York, May 1936.

WARNER, W. L.: *Environment and Education*. Chicago University Press, 1942. (Supplementary Educ. Monogr. No. 59, pp. 16−28.)

WARNER, W. L. *et al.*: Who Shall be Educated? The Challenge of Unequal Opportunities. London, Routledge and Kegan Paul, 1946.

제15장

[1] 이 문제에 관하여 다음을 참조하라.

WEBER, Max: *From Max Weber — Essays in Sociology*. Ed. by H. H. Gerth and W. Mills. London, Routledge and Kegan Paul, 1947.

아울러, 다음을 참조하라. WEBER, Max: 'The Theory of Social and Economic Organization.' Being Part I of *Wirtschaft und Gesellschaft* translated by A. R. Henderson and Talcott Parsons, London, W. Hodge, 1947.

만하임이 표시 없이 인용한 문헌 (편집자 수록)

ADAMS, Sir John: *Modern Developments of Educational Practice*, London, University of London Press, 1929.

ADAMS, J. W.: *The Educational Works of John Locke*, London: Longmans, Green & Co., 1912.

AIKIN, W. M.: *The Story of the Eight Year Studies*. New York, Harper, 1942.

BAVELAS, A. and LEWIN, K.: 'Training in Democratic Leadership.' *The Journal of Abnormal and Social Psychology* 37, January, 1942, Washington D.C., pp.115－119.

BRUBACHER, J. S.: *Modern Philosophies of Education*. New York, McGraw Hill Book Co., 1939.

CUBER, F.: 'The Cultural Relativity of Education,' In ROUCEK, J. S. (Ed.): *Sociological Foundations of Education*. The Thomas Crowell Co., New York, 1942.

FENICHEL, O.: *The Psychoanalytic Theory of Neuroses*. New York, Norton and Co., 1945.

GLASS, Ruth: *The Social Background of a Plan. A Study of Middlesbrough*. London, Routledge and Kegan Paul, 1948.

GREEN, G. H.: *The Psychoanalysis in the Classroom*. London, University of London Press, 1932.

HARRIS, P. E.: *Changing Conceptions of Social Discipline*. New York, Macmillan Co., 1928.

HEYMANN, K.: *Erziehung als Friedensweg*. Zurich－New York, Europa Verlag, 1945.

JONES, A. J.(with Grinzell, E. D. and Grinstead, W. J.): *Principles of Unit Construction*. New York & London, McGraw Hill Books Co., 1939.

LASKER, Bruno: *Race Attitudes in Children*. New York, H. Holt & Co.,

1929.

LODGE, R. C.: *Philosophy of Education*. New York, Harpers, 1934.

MAYO, E.: *The Social Problems of an Industrial Civilization*. London, Routledge and Kegan Paul, 1949.

OTTO, M. C.: *Things and Ideals*. New York, Holts, 1924.

OGBURN, W. F. (ed.): *Social Change*, Chicago, University of Chicago Press, 1929.

SZÉKELY, L.: 'Studien zur Psychologie des Denkens: Zur Topologie des Einfalls', Amsterdam. *Acta Psychologica*. Vol. Ⅴ. No. 9, 1940 (On creative thinking).

YOUNG, K.: *A Handbook of Social Psychology*. London, Kegan Paul, Trench, Trubner & Co., 1946.

역자 후기

본서는 칼 만하임Karl Mannheim의 *An Introduction to the Sociology of Education*의 번역서다. 원본은 편집자인 영국 키일 대학Keele University의 스튜어트W. A. C. Stewart 교수가 1962년 런던 라우틀리지 출판사Routledge and Kegan Paul를 통해 출간하였다. 편집자의 소개대로 만하임 교수의 사후 마지막 저작이며, 그가 서거한 해인 1947년을 고려하면 이 책에 담긴 원고는 대략 제2차 세계대전 이전에 쓰였다. 따라서 독자는 이러한 시대적 상황을 고려하여 읽어야 한다. 편집자에 따르면, 이 책 이외에 만하임 사후에 다섯 권의 책이 출간되었다고 한다. 번역에 사용한 1962년 판에는 스튜어트 교수가 작성한 서론이 실려 있으나, 현실적인 출판 사정으로 이 부분은 번역에 담지 않았다.

저자 칼 만하임(1893년 3월 27일~1947년 1월 9일)은 헝가리 부다페스트 태생 유대계 사회학이며 지식사회학sociology of knowledge의 창시자이며 〈이데올로기와 유토피아*Ideology and Utopia*(1929; 1936)〉로 매우 잘 알려진 인물이다. 그의 헝가리 명은 Károly Manheim이며, 부다페스트 대학에서 철학과 문학을 공부하고, 독일과 프랑스에서 수학하고 돌아와 같은 대학에서 박사학위를 받았다. 제1차 세계대전 중에 칼 폴라니Karl Polanyi가 설립하고 암묵적 앎을 주장한 그의 동생 마이클 폴라니Michael Polanyi가 참여했던 갈릴레오 서클에 가입하여 지적 교류를 한 것으로 알려졌다. 또한 독일 하이델베르크 대학에서 막스 베버Max Weber의 동생 알프레드 베버Alfred Weber의

지도 아래 철학을 공부하였다. 부다페스트 대학에서 루카치György Lukács(1885~1971)의 후원으로 한때 연구하였으나, 그가 주장하는 공산주의에 반대하여 결별하였다. 이후 만하임은 1920년부터 1933년까지 독일로 망명하였다가, 영국 런던 정경대학LSE: London School of Economics and Political Science으로 옮겨 연구를 지속하였다. 그러던 중 1941년 학장 프레드 클락 경Sir Fred Clarke의 초청으로 런던 교육과학대학London Institute of Education으로 옮겨 교육사회학의 기반을 구축하였다. 본서를 포함한 라우트리지 사회학 시리즈인 The Routledge International Library of Sociology and Social Reconstruction 편집자로서 활동하였다. 이 시리즈는 후에 The International Library of Sociology로 바뀌었다. 실제로 본서의 원본 말미에 이 출판사의 사회학 시리즈 발간 도서 목록이 사회학의 22개 세부 주제별로 수록되어 있다. 여기에 본서를 포함한 14권의 교육사회학 도서가 소개되어 있다. 현재의 관점이 아니라 당시의 관점으로 보면 이 도서들은 교육사회학을 정립하고 선도하는 데 초석을 쌓았다고 평가된다. 만하임의 사상은 앞서 언급한 폴라니 형제와 막스 베버 형제, 루카치 그리고 헝가리 정치인 오스카르 야스치Oszkár Jászi를 비롯하여 짐멜Georg Simmel, 후설Edmund Husserl, 하이데거Martin Heidegger, 마르크스Karl Marx, 셸러Max Scheler, 딜다이Wilhelm Dilthey 등의 영향을 받아 형성된 것으로 평가된다. 따라서 칼 만하임의 학문적 입지와 공헌을 여기서 간략하게 설명하기 매우 어렵다.

다만, 번역을 통해 우리나라에 이 책을 알리고자 한 나의 소견은 다음과 같다.

첫째, 우리나라 교육학계 대다수 사람이 공유하는 '진보적' 교육관이 이 책에 온전하게 담겨 있다. 이 책의 내용은 우리나라 교육을 그대로 표상한다고 해도 과언이 아니다. 교육은 본질상 변화를 전제로 한 인간 활동이다. 이 점에서 교육은 태생적으로 '진보적'이다.

실제로 본서는 진보교육이 어떻게 생성되어 정착되었는지 그리고 그 강조점은 어디에 기인하는지를 밝히고 있다. 한마디로 진보교육의 위상을 확인할 수 있다. 그 결과 본서에서 밝힌 내용을 토대로 우리나라 교육학과 교육계에서 선점하고 있는 '진보'의 위상도 그대로 확인된다. 그 까닭을 본서는 전반부에 소개한 교육의 개념 분석과 심리학적 탐구를 넘어서서 사회학적 탐구가 왜 요구되는지를 분명하게 밝히고 있다. 교육학에서 사용하는 언어와 방법론 그리고 사고방식은 이러한 논의 과정에서 '진보적' 색채를 띠게 된다. 본서를 읽으면서 우리는 우리 교육이 표방하는 '진보'의 실상이 어떠한 배경과 경로를 통해 구축되었는지 헤아릴 수 있다. 하지만 우리는 이 책을 통해서 교육계에 암암리 깊게 뿌리내린 '진보'가 과연 진보적이었으며 오히려 '퇴보'를 낳지 않았는가를 매우 진지하게 숙고해 볼 필요가 있다. 게다가 AI를 업고 21세기를 살아야 하는 우리에게 이러한 '진보'가 타당한지도 새겨보아야 할 것이다. 따라서 나는 이 책이 우리 교육학과 교육 현실이 나아갈 바를 처방하는 지침을 제공할 것으로 믿는다.

둘째, 이 책은 전통사회 패러다임에서 산업사회 패러다임으로 이행하는 과정에서 교육적 방향과 과제를 제시하고 있다. 그것을 사회학적 사고와 연구 방법을 토대로 논의하고 있다. 사실 사회학은 산업혁명 이후 급변하는 사회상과 제 문제를 탐구하려고 생겨난 학문임을 염두에 둔다면, 급격한 산업화, 도시화에 따른 교육 문제를 다룰 교육이론 정립에 사회학적 탐구가 동원된 교육사회학이 중요하다는 저자의 주장은 타당하다. 실제로 본서 제14장은 사회학 탐구를 통해서 이루어지는 교육사회학의 성격을 달리 규정하고 있다. 1980년대 우리나라에서도 논의된 바 있는 '교육적 사회학'과 '교육사회학'의 구분은 만하임 교수가 1943년 쓴 이 글에 기인한다. 전자는 'Sociology for the Educator'의 번역어로서 사회학적 지식과 탐구 결과를 교육 현장에 적용하는 것을 가리키며, 교육사회학이 사회학의 응용 분야가 된다. 후자는 'Sociology of Education'의 번역어로서 교육사회학이 하나의 응용 분야가 아닌 독자적 위상을 지닌 교육사회학을 말한다. 독자적인 활동으로서 교수 행위 자체를 탐구 대상으로 하는 것을 사례로 들고 있다. 또한 당시 심각하게 부각한 산업화에 따른 산업사회가 안고 있는 문제를 다루기 때문에 본문에 인용한 각종 사례와 자료는 20세기 초중반의 것들이다. 예를 들어, TV와 라디오를 사용한 시청각 교육과 원격 성인 교육이 언급된다. 당시로서는 매우 획기적인 교육방식이었음에 틀림없다. 현재 시점에서 보면 별다른 의미를 찾을 수 없다고 볼 수도 있지만 서구사회가 산업화하면서 겪는 문명사적 변혁기의 교육 문제를 고찰하는 데 중요하다. 만하임의 책은 '합리성의 비합리성'이라는 비판을 가하는 포스트모더니즘이 본격적으로 거론되기 이전에 나왔으므로 지식기반사회의 패러다임 변혁은 전혀 담고 있지 않다. 패러다임 문제가 담겨 있다면, 그것은 전통사회 패러다임에서 탈피하는 데에 초점이 맞추어져 있다. 현시점에서 당면한 문명사적 변혁은 AI를 다루어야 하는 등 가장 시급한 현안으로서 이와는 다른 문제다. 이러한 점을 모두 고려하고 읽는다면, 본서는 문명사적 변혁기에 취해야 할 우리의 입장과 각오를 새기는 밑거름을 제공해 줄 것이다. 이를 통해서 본서가 다룬 방식과 다르게 새로운 패러다임 접근법을 모색할 수 있을 것이다. 문명 패러다임으로 보면, 지식사회 진입에는 산업사회 진입에 요구되는 것과 통약불가능한 '시각' 즉 패러다임이 있다. 이에 따라 교육을 파악하는 패러다임도 확연하게 다르다. 이 점을 놓치게 되면 우리는 AI가 주도하는 지식사회 패러다임 진입에 실패한다. 교육에서 '패러다임'이 어떤 의미로 사용하는지 궁금한 독자는 교육을 문명 패러다임 관점에서 논의한 역자의 저서 〈세상을 바꾸는 나: 문명 패러다임의 관점〉(2022년, 교육과학사)을 참고하면 도움이 될 것으로 믿는다.

셋째, 이 책을 통하여 우리 교육학이 걸어온 발자취와 수준을 새길 수 있다. 역자 개인적으로는 학부에서 교육학을 가르쳐주신 은사님들의 흔적을 그대로 확인할 수 있었다. 우선 이 책 제목 〈교육사회학원론〉은 우리 교육학계에 교육사회학을 도입한 故 陳元重 교수님의 저서명과 동일하다. 실제로 선생님께는 본서 출간과 같은 해인 1962년 〈교육사회학원론〉(凡文社)을 펴내 우리나라 교육사회학의 초석을 놓으셨다. 나는 1976년 간행된 이 책의 증보판(法文社)을 교재로 1978년 2학기에 직접 강의를 들은 바 있다. 지금에 와서 돌이켜 보면 선생님의 강의와 책은 전통사회 패러다임을 딛고 산업사회로 나가는 사회상에 비추어 교육 문제를 다룬 것임을 알 수 있다. 본서 제13장은 故 金宗西 교수님께서 주창한 '잠재적 교육과정'의 실제 사례를 보여준다. 우리나라 교육사회학 정립에도 크게 공헌하셨던 선생님께서는 1976년 〈잠재적 교육과정〉(益文社)을 출간하여 교육학의 지평을 넓히셨다. 이후 1987년 이 책은 증보판으로 개정되어 〈잠재적 교육과정의 이론과 실제〉(교육과학사)로 출간되었다. 또한 본서 제11장과 제12장은 故 金泳燦 교수님의 교육인류학 강의를 통해 배운 내용을 포함한다. 선생님께서는 우리나라에 교육인류학을 세우신 선구자다. 나는 선생님으로부터 문화가 지닌 교육력(力)의 실상을 배울 수 있었다. 1979년 1학기는 두 분 선생님의 강의를 통해서 교과를 떠난 삶이 중요한 교육 문제라는 잠재적 교육과정의 관점과 함께 그때는 생소하기만 했던 인류학적 연구가 교육과 어떤 관련을 맺고 있는지를 알 수 있었던 행운의 시절이었다.

나와 같은 처지가 아니더라도 교육을 공부한 사람이라면 본서 전반에 걸쳐 논의되는 내용에서 우리나라 교육학의 위상과 발자취를 확인할 수 있다. 이러한 사실은, 역으로 본서가 교육에 입문하고자 하는 이들이 쉽게 읽어볼 수 있는 개설서로서 충분한 가치가 있음을 말해준다. 오늘날 교육학의 세부 영역이 20세기 교육학 형성 초기에 어떻게 형성되었고 정립되었는지를 알 수 있을 뿐만 아니라 그 세부 영역이 각기 분야별로 어떤 역할을 하는지 확인할 수 있다. 본서에는 교육철학 영역인 교육의 개념 분석, 교육사 영역인 교육 가치관의 변천, 행동주의와 정신분석학을 비롯한 학습, 발달, 장애 등 각종 심리학 이론에 기초한 교육심리학 논의, 전문직으로서 교사가 지녀야 할 역량과 덕목을 다룬 교사론이 두루 망라되어 있다. 본서는 교육학 또는 교육에 관심을 가진 사람이라면 누구나 읽어볼 만한 가치가 있다. 제목은 〈교육사회학원론〉이라고 번역하였지만, 내용면에서 볼 때 '교육학개론'이라고 해도 무방하다.

그렇다고 해서 만하임 교수가 제시하는 관점에 내가 전적으로 동의하는 것만은 아니다. 저자가 이 책에 포함된 글들을 집필할 당시 소련의 스탈린 전체주의 참상이 미화되었던 내용을 반영하지 못한 점이나, 경쟁을 악덕으로만 취급하는 사회주의 개념을 고수하는 점을 들 수 있다. 실제로 본서 제11장에서 만하임은 경쟁을 전쟁의 한 전형이라고 주장한다. 만하임이 주목한 것은 당시 산업사회 패러다임의 요구 속에서 전통사회 패러다임이 안고 있었던 폐해를 지적하는 데 있다. 이제는 교육에서 너무도 익숙한 마르크스주의나 사회주의가 유효한 측면이 있고, 또 그것이 만하임의 지식사회학 관점에서 조망할 때 타당하다 하더라도, 그의 주장이 산업사회 패러다임에 국한된 상황임을 전제해야만 설득력을 얻는다. 더욱이 역자가 동의하기 어려운 점은 전통사회의 낡은 체제 파괴에 초점을 맞추고 이에 대한 대안으로 민주사회를 이상으로 설정하여 절대선으로 지향한 점이다. 그 결과 민주주의는 최고선이나 종착점으로서의 가치가 아니라, 절차적 원리라는 점이 눈에 띄게 간과되어 있다. 17~18세기 태동한 자유주의는 당시의 관점에서 보면 단순하게 '진보'라고 칭하는 수준을 넘어서는 매우 급진적인 사상이었다. 자유주의 또는 자유를 좋지 않은 톤으로 '보수'라고 낙인찍는 오늘날 현실에서 본서에서 강조하듯이 민주주의를 최상의 가치로 설정하면 '자유 없는 민주주의'가 낳을 폐해를 간과하고 있다. 자유가 박탈된 전체주의 사회를 두 번이나 탈출했던 만하임이 자유의 소중한 가치를 망각하지 않았는가 의구심이 들 정도다. 또한 과학으로서 사회학이 추구하는 실증적 관점에 집착하여 명시적으로 확인할 수 있는 사실과 가치에 함몰할 때 찾아오는 '민주주의' 위기는 '전체주의 민주정'이라는 해괴한 탈을 쓰고 다가온다는 점도 아예 검토하지 않았다. 이러한 점을 고려할 때 제도와 전통, 그리고 '텍스트'라고 불리는 고전과 교과서에 담긴 암묵적 의미를 사회학의 선봉장 만하임은 부각하지 않았다.

독자들의 이해를 돕기 위해 몇 가지 사항을 언급하려 한다. 본서에 소개된 내용과 구체적인 사례는 20세기 초중반의 영국 교육을 토대로 하고, 간혹 비교를 위하여 미국의 사례와 통계 자료를 사용한다. 영국 교육은 영국 상황을 있는 그대로 이해해야 온전하게 파악할 수 있다. 그 때문에 영국 교육 제도의 특징을 알아야 할 사항이 있어서 몇 가지 첨언하도록 한다. 영국의 학제는 6－5－(2)－3제이다. 초등학교는 6년제이지만, 9월 1일을 기준으로 하여 만 5세 아이가 입학한다. 즉 우리보다 초등학교 입학 시기가 6개월 빠르다. 그래서 영국 교육을 언급한 문헌에는 5＋five plus, 11＋eleven plus라는 표현이 자주 나온다. 5＋는 초등학교 입학을 뜻하고, 11＋는 5년제 중등학교 입학을 뜻한다. 16＋는 중등학교 졸업을 뜻한다. 영국에서 국가 단위 학력검사는 대부분 11＋와 16＋에서 시행한다. 또 sixth form college, sixth form course라는 생소한 용어가 나온다. 영국 교육을 소개한 몇몇 '영국 전문가들'이 이를 모두 '6형식 학교'라고 번역하기도 하지만, 적절한 표현이 아니다. 중등학교 5년을 졸업하고 대학 진학을 위하여 이수하는 '여섯 번째' 코스가 sixth form이다. 5학년 다음에 오는 교과 과정이라는 뜻이다. 이 과정은 대학에 부설되어 있기도 하고, 중등학교에 부설되어 있기도 하고, 지방교육청이 운영하는 기관에 설치되어 있기도 하다. 그렇기 때문에 인터넷에 나와 있듯이 이를 '후기 중등과정'이나 '후기 중등학교'로 번역해서도 안 된다. 본서에서는 이를 '대학 입학 준비' 과정으로 번역하였다. 이 과정에서 웬만한 대학 교양과정을 학습하고, 이 과정에서 배운 내용을 토대로 A level 시험을 치른다. 이 시험은 우리 사회에 암암리에 퍼진 '진보의 굴레'에 우리 스스로가 갇혀서 엄두도 내지 못하는 논술 지필형 본고사 시험이다. 한마디로 영국 학제는, 즉 초등 6년, 중등 5년, 대학(학부) 3년 과정이다. 대학 입학 준비 과정이 중간에 2년이 있어서 총 16년은 우리와 같다.

초등학교 과정을 설명하는 용어도 다소 특이하다. 초등학교는 'primary school'이고, 초등교육은 'primary education'이다. 'elementary'는 기본 교육을 뜻하므로 직업과 관련 없는 초등교육과 중등교육을 포함한 일반교육을 총칭하는 용어다. 우리나라에서 초등학교를 'elementary school'이라고 하는 것은 미국식 표현이다. 초등학교 과정을 둘로 나누어 첫 2년을 'infant school'이라고 하고, 나머지 3학년에서 6학년까지 'junior school'이라고 한다. 이를 영국 교육을 소개하는 이들이 각기 '유아학교', '유년학교'와 '하급학교'라고 번역하기도 하는데, 이는 필연적으로 오해를 유발한다. 본서에서는 '초등 저학년 과정'과 '초등 상급학년 과정' 등으로 번역하였다. 영국에서 초등학교 입학 전에 가는 우리의 유치원은 'nursery'라고 한다. 우리의 어린이집에 해당하는 용어이지만, 유아교육을 담당하는 기관이다. 게다가 영국에서 유치원과 어린이집이 따로 없다. 이러한 영국 실정을 외면하고 'infant school'을 '유아학교'라고 번역하면 영국의 초등교육은 4년이 된다. 초등학교에 따라 'nursery'가 아닌 '입학 준비 학급'이라고 번역한 'reception class'를 개설한 곳이 있다. 이는 일종의 초등교육 예비 과정이라고 할 수 있는데, 학부모의 교육 요구와 해당 지역 사정에 따라 설치한 경우가 많다. 이 과정이 유아교육도 아니고 초등교육도 아닌 것은 '대학 입학 준비 과정'이 중등교육도 아니고 고등교육에 속하지 않는 것과 마찬가지다. 영국을 비롯한 각국의 학제를 설명하는 데 있어서 우리나라 교육 '전문가들'이 그러하듯이 미국 학제를 본뜬 우리나라 학제에 꿰맞추어 오해를 불러일으키지 말아야 하는 까닭은 여기서 찾을 수 있다.

우리가 사용하는 한자어 '영국', '영어'는 각기 'England'와 'English'에서 비롯된 한자어이다. 그러나 정치적 의미의 영국은 잉글랜드, 웨일스, 스코틀랜드와 북아일랜드가 합친 연합체로서 The United Kingdom of Great Britain and Northern Ireland'가 정식 명칭이다. 정식 국호가 긴 만큼 대개 'United Kingdom' 또는 약칭 'UK'를 사용한다. 브리튼은 섬 이름으로 잉글랜드, 웨일스와 스코틀랜드로 구성되어 있다. 본문에서 대부분 잉글랜드라고 번역하는 것은 원문에 'England'라고 되어 있기 때문이다. 특히 잉글랜드와 스코틀랜드의 교육 제도 및 학교 형태가 다르다. 그렇기 때문에 'Britain' 또는 'Great Britain(GB)'과 'UK'라는 표현에만 '영국'이라고 번역해야만 한다.

모쪼록 많은 이가 이 책을 통해 교육의 지평을 넓히고, 교육학에서 통용되는 언어와 이론적 성격과 전제에 대한 근본적인 검토와 교육 전반에 대한 이해가 증진된다면, 역자로서 그 이상의 기쁨이 없겠다. 끝으로 책을 낸 박영사와 효율적인 기획을 해준 박세기 부장님과 깔끔한 편집을 해낸 전채린 팀장님에게 감사의 뜻을 전한다.

을씨년스러운 을사년 歲暮에
역자 金正來 아룀

인명색인

역자 김정래(金正來)

문인(文人)이다. 서울대학교 사범대학 교육학과와 동 대학원을 졸업하고, 영국 University of Keele에서 교육철학을 공부하여 철학박사를 받았다. 서울대학교, 강원대학교, 한국교원대학교, 국민대학교, 중앙대학교, 홍익대학교 등 여러 대학에서 시간강사를 하였으며 서울대학교 교육연구소 특별연구원을 거쳐 한국교육개발원 부연구위원과 부산교육대학교 교수를 지냈다. 한때 제15대 한국교육철학회장, <한국교육신문> 논설위원, <미래한국> 편집위원, 하이에크 아카데미 원장을 역임한 바 있고, 상당 기간 주요 언론에 시사 칼럼을 쓰고 여러 학회에서 활동하였다. 정치철학과 가치문제를 토대로 우리나라에 그리고 우리 교육에 '진보'가 왜곡되어 있음을 여러 경로로 지적한 바 있다. 요즈음은 존재와 인식의 바탕이 되는 형이상학에 관심을 가지고 공부하고 있으며, 기존 교육학 이론을 수미일관하게 설명하는 교육모형에 관하여 궁리 중이다.
저서로는 <폴라니의 암묵적 영역: 의미와 적용>(2025)을 비롯하여, 아동권리향연 시리즈인 <아동권리향연 마당>(2022), <아동권리향연 플러스>(2022), <증보 아동권리향연>(2020)이 있으며, 문명 패러다임의 관점에서 <세상을 바꾸는 나>(2022)와 <세상을 바꾸는 힘>(2022, 공저)을 낸 바 있다. 그 이전에 <문맹기초연구>(2018), <민주시민교육비판>(2013), <진보의 굴레를 넘어서>(2012), <고혹 평준화해부>(2009), <공교육과 자유주의 교육정책>(2009), <전교조비평>(2008), <서양교육사 절요>(2004), <권리이론과 교육권>(1998)을 썼다.
역서로는 본서인 <교육사회학원론(칼 만하임)>(2026), <암묵적 영역(마이클 폴라니)>(개정 2025; 2015), <봄의 창의성(데이비드 봄)>(2021), <권위, 책임, 교육(리처드 피터스)>(2021), <지식의 조건(이스라엘 쉐플러)>(2017), <플라우든 비평(리처드 피터스 편)>(2021, 공역), <초등교육문제론(로버트 디어든)>(2015), <아동의 자유와 민주주의(로즈마리 챔벌린)>(2015), <교육과 개인(브렌다 코헨)>(2014), <교육목적론(콜린 린지)>(2013), <대중을 위한 경제학(진 캘러핸)>(2013, 공역) 등이 있다.

교육사회학원론

초판발행 2025년 12월 15일

지은이 칼 만하임
옮긴이 김정래
펴낸이 노 현

편 집 전채린
기획/마케팅 박세기
표지디자인 이수빈
제 작 고철민·김원표

펴낸곳 ㈜ 피와이메이트
서울특별시 금천구 가산디지털2로 53, 210호(가산동, 한라시그마밸리)
등록 2014. 2. 12. 제2018-000080호
전 화 02)733-6771
f a x 02)736-4818
e-mail pys@pybook.co.kr
homepage www.pybook.co.kr
ISBN 979-11-7279-200-8 93370

정 가 19,000원